자폐 범주성 장애아동은
이렇게 배웁니다

자폐 범주성 장애아동은 이렇게 배웁니다

이나영 지음

토기장이

추천의 글 1

이나영 선생님과 다시 만난 것은, 선생님이 대학원을 졸업하고 가족과 함께 캐나다로 떠난 지 오래된 후인 2024년 초였습니다. 오랜만에 마주한 선생님은 여전히 예전과 다름없는 밝은 미소로 반겨 주었고, 우리는 이런저런 삶의 이야기를 나누었습니다. 그중 대부분은 역시나 학생들과의 일상이었습니다. 분명 쉽지 않은 순간도 많았을 텐데, 선생님의 얼굴에서는 전혀 지친 기색이 느껴지지 않았습니다. 25년 전, 항상 "감사하다"는 말을 달고 살며 늘 웃음 짓던 대학원 시절의 모습 그대로였지요.

그런 선생님이 지금의 별명이 '화장실 여왕'이라고 웃으며 말하는 모습을 보며, 학생들과의 하루하루가 얼마나 치열하고도 사랑으로 가득한지 짐작할 수 있었습니다. 기저귀 떼기가 어려운 아이들도 이나영 선생님이 맡으면 가능하다는 이유로 붙여진 별명이라니, 그 안에는 깊은 신뢰와 끈기 있는 교육의 흔적이 담겨 있었습니다.

시간이 흘러도 변함없이 학생들을 귀하게 여기며 헌신하는 선생님의 모습이 늘 자랑스럽습니다. 그리고 이제, 그 귀한 경험과 노하우가 한 권의 책으로 엮여 세상에 나오게 되어 진심으로 기쁘게 생각합니다. 이 책을 읽으며 여러 순간 감동했고, "이렇게 쉽게 설명할 수도 있구나"하고 감탄하기도 했으며, 무엇보다도 책 속 이야기들에 깊이 공감할 수 있었습니다.

책 전반에서 가장 인상 깊었던 점은 철저하게 아이들의 입장에서 생각하려는 선생님의 시각입니다. 학생의 행동을 이해하고자 하는 노력이 모든 사례를 관통하고 있으며, 전공 서적에서 간단하게 언급되는 장애학생의 특성이 실제 현장에서는 얼마나 다양하게 나타날 수 있는지를 생생하게 보여 주고 있습니다. 예를 들어, 감각이 예민하거나 변화에 민감한 학생들이 보일 수 있는 다양한 반응이 구체적인 사례들을 통해 자세히 소개되어 있습니다.

피가 멎지 않는 손에 연고나 밴드 붙이기를 거부하는 학생을 위해 한 시간 동안 손을 붙잡고 있었던 일이나 문을 발로 차는 학생을 위해 열심히 질주하여 교실 앞의 문을 미리 닫아 주는 장면은 그저 '도전행동 예방'이라는 이론을 넘어서서 실천의 진정성과 헌신을 보여 줍니다. 이 외에도, 학생의 어려움을 깊이 이해하고 포기하지 않으며 꾸준히 교육해 온 수많은 이야기가 책 곳곳에 담겨 있습니다.

이 책은 이나영 선생님이 오랜 시간 교육 현장에서 직접 부딪치며 해결해 온 사례들의 모음이자, 실제로 효과가 있었던 교육 원리를 기반으로 한 실천적 지침입니다. 복잡한 이론을 쉽게 풀어내면서도, 그것이 현장에서 어떻게 적용될 수 있는지를 실제 사례를 통해 구체적으로 보여 주고 있습니다. 예비교사, 현직 교사, 치료사, 부모님 모두에게 도움이 될 만한 내용으로 가득합니다.

특히 캐나다라는 교육 환경 속에서 더욱 깊어졌을 선생님의 경험은 우리나라의 교육 환경과 다소 차이가 있을 수는 있지만, 책 전체에 흐르는 '아이 한 사람 한 사람을 중심에 둔 접근'은 모든 교육자에게 중요한 메시지를 전하고 있습니다. 바쁜 학교 현장 속에서도 학생에게 가장 적합한 방법을 고민하는 모든 선생님들과 마음을 함께할 수 있었습니다.

"장난감이나 책, 아이패드 중 하나는 전문가가 되라"는 선생님의 조언, 그리고 무엇보다 "하나의 정답만을 고집하기엔 우리 아이들은 너무 다양하다"는 말이 깊이 와닿았습니다. 아이가 배우는 데 시간이 오래 걸려도, 지금의 모습 그대로 괜찮다고, 충분히 이해한다고 말해 주는 듯한 이 책은, 선생님의 사랑과 전문성, 그리고 포기하지 않는 긍정의 에너지를 고스란히 담고 있습니다.

무엇보다 이 책에서 가장 크게 마음에 남았던 것은 선생님이 "기도할 수밖에 없다"라고 고백한 부분이었습니다. 매일같이 반복되는 예측 불가능한 상황 속에서도, 오직 아이들을 위한 마음으로 하나님의 도우심을 간구하는 그 진심이 책 전반에 고스란히 녹아 있습니다. 그 마음은 분명 이 책을 읽는 모든 이들에게도 깊은 울림을 전해 줄 것이라 믿습니다. 책 후반부의 예배에 대한 부분은 교회학교 선생님들에게 많은 도움이 될 수 있는 내용입니다.

장애학생을 더 깊이 이해하고 따뜻하게 교육하고자 하는 모든 이들에게 이 책을 진심으로 추천합니다.

이화여자대학교 특수교육과 교수
박은혜

추천의 글 2

이 책에는 이나영 선생님의 삶과 사랑이 듬뿍 담겨 있습니다. 자폐 범주성 장애아동을 돌본다는 것 자체가 긍휼함의 은사가 있지 않으면 불가능한 일이기 때문입니다. 이 책 안의 여러 가지 실제 사례들은 아이들을 사랑으로 돌보지 않으면 절대로 알 수도 쓸 수도 없는 내용들입니다. 그리고 이론만으로 해결되지 않는 많은 경우들을 저자의 수많은 경험과 사랑으로 극복한 사례들입니다.

저자는 마라톤을 경주하고 있는 부모님과 선생님들에게 힘이 되었으면 좋겠다고 말했는데, 1급 자폐성 장애아들을 키우고 있는 제 입장에서도 이 책은 너무도 소중합니다. 더불어 빌립보서 말씀(빌 3:13-14)을 통해 이 어려운 길을 계속 달려갈 결심을 밝히신 것 같아 너무도 감사한 마음이 들었습니다.

무엇보다 자폐 범주성 장애아동들이 교회 중심으로 들어와야 한다고 이야기한 부분에 깊이 공감했습니다. 우리 아이들은 숨겨야 할 아이들도 아니고 창피한 아이들도 아닙니다. 하나님께서 영광을 나타내실 너무도 소중하고 사랑스러운 아이들이며(요 9:3), 하나님께서 기뻐하시는 아이들이기에 반드시 교회의 중심으로 나와야 합니다.

이 책은 부모님들과 선생님들, 교회 선생님들에게 반드시 필요한 책일 뿐 아니라, 일반 독자들에게도 큰 도움이 될 것입니다. 장애인들을 사랑하는 모든 이들에게 이 책을 진심으로 추천합니다.

전 서울성모병원 순환기내과 부교수,
전 한림대성심병원 순환기내과 임상교수,
전 김포우리병원 순환기내과장,
장애인을 돌보는 내과의사 **고윤석**

프롤로그

이 책은 자폐 범주성 장애아동을 어떻게 가르칠 수 있는지를 알려 줍니다. 지금 당장 아이를 위해 할 수 있는 한 가지를 찾도록 돕고, 책으로 배운 특수교육이 어떻게 현장에서 적용될 수 있는지 말해 줍니다.

전문 지식이 많지는 않습니다. 다만 경기도 중등학교 통합반 교사로 7년, 캐나다 특수학교에서 12년이라는 시간을 보조교사로 일하며 아이들을 만나다 보니 거기서 얻은 경험들이 있고 그 경험들을 몇 가지 묶음으로 말할 수 있을 만큼이 되었습니다. 경험에 의지하여 쓰다 보니 어떤 부분은 특수교육학에서 바라볼 때 미비하고 부족한 것도 있을 것입니다.

한 아이 한 아이가 너무나 다릅니다. 그래서 한 가지 방법이 이 아이에게는 맞지만 다른 아이에게는 아닐 수 있습니다. 그렇다 하더라도 '일반적으로'라는 말을 붙일 수 있는, 통용되는 방법들이 있습니다. 경험 속에서 몸으로 체득한, 매일 교실에서 사용하는 방법들을 나누고자 합니다.

    대학원 졸업 후, 그리고 보조교사 자격증을 따기 위해 이곳 캐나다 대학에서 공부한 2012년 이후 펴 보지 않았던 전공책을 다시 읽고 새로운 자료를 찾아보았습니다. 학교에서 아이들과 지내는 십여 년 동안 발전한 특수교육의 새 이론도 접했습니다. 이미 수많은 매체를 통해 알려져 있기에 제가 글로 정리한 것들은 의미가 없어 보이기도 했습니다. 오래전부터 학교 현장에서 사용하고 있는 아이들을 위한 접근들이 새로운 이론과 교수법에 비추어 보면 낡아 보이기도 했습니다.

    하지만 용기를 내기로 했습니다. 어떤 사람들이 보기에는 케케묵은 옛날 방법들일 수 있지만 오늘 현장에서 사용되고 있는 이 방법들이 결코 무의미하다고 할 수는 없기 때문입니다. 지난 12년간, 기본에 충실할 뿐만 아니라 지루하도록 반복하는 그 일상으로 인해 많은 아이들이 좋은 습관을 배우고 학습이 이루어져 가는 것을 보았기 때문입니다.

    갈등의 요소가 있는 내용은 삭제하되 여전히 중요하게 다루어지고 있는 방법들은 그대로 소개하고자 합니다. 군더더기 없이 현장에서 가장 많이 사용하는 것을 중심으로 쓰려고 노력했습니다. 1년을 계획하게 하지는 못하더라도 오늘 하루 무엇인가 시작할 수 있는 계기를 만들어 주는 책이 되길 바랍니다. 이 책의 전체 내용은 모두 개인적인 경험에 의한, 지극히 저자 개인의 의견임을 말씀드립니다.

매일 운동장을 밟기 전, 차 안에서 기도합니다. 오늘도 아버지의 손길 안에 머물게 하여 주시길…. 그렇게 12년의 시간이 쌓였고, 그 모든 시간은 하나님 아버지의 은혜였음을 고백할 수밖에 없습니다. 매일 최선을 다해 아이들을 만납니다. 왜냐하면 그것이 제가 할 수 있는 유일한 것이기 때문입니다. 부족한 이 글이 오늘도 끝이 없어 보이는 긴 마라톤을 믿음으로 경주하고 있는 우리 부모님과 선생님들에게 힘이 되었으면 좋겠습니다.

"형제들아 나는 아직 내가 잡은 줄로 여기지 아니하고 오직 한 일 즉 뒤에 있는 것은 잊어버리고 앞에 있는 것을 잡으려고 푯대를 향하여 그리스도 예수 안에서 하나님이 위에서 부르신 부름의 상을 위하여 달려가노라"(빌 3:13-14).

차례

추천의 글 1 • 2
프롤로그

1부 · 아이를 알아야 방법이 보인다

    1장 넓은 의미의 전환   ___ 020

    2장 받아들임   ___ 030

    3장 감각 문제(Sensory Issue)   ___ 034

    4장 있는 모습 그대로   ___ 050

    5장 강박증과 유사한 행동   ___ 053

2부 · 아이는 이렇게 배운다

    1장 루틴   ___ 062

    2장 프리맥 원리(Premack Principle)   ___ 073

    3장 중재(Intervention)/촉진(Prompt)   ___ 078

    4장 화를 내는 것   ___ 089

    5장 보상제도(강화)   ___ 098

    6장 말 따라 하기   ___ 102

7장 화장실 훈련 ___ 108

8장 표정 읽기 ___ 115

9장 모든 아이는 배울 수 있다 ___ 118

10장 놀이선택판(Break Choice Board) ___ 122

11장 1, 2, 3은 읽지만 세지는 못하는 ___ 125

12장 응용행동분석을 통한 지도(ABA) ___ 127

13장 식사 지도 ___ 134

14장 무엇에 관심이 있는가 ___ 136

15장 잠자기 습관 ___ 139

16장 상황 이야기(Social Story) ___ 143

17장 수정교육과정 ___ 148

18장 야단치기 ___ 154

19장 자기 자극행동/상동행동(Stimming) ___ 157

20장 보완대체의사소통(AAC/Augmentative and Alternative Communication) ___ 161

21장 다시 처음부터! ___ 166

3부 · 더 나은 교육을 위한 팁

1장 기록의 중요성	___ 172
2장 전문가들의 도움 받기	___ 176
3장 등 뒤가 아니라 내 앞!	___ 179
4장 기본적인 의료지식	___ 183
5장 아주 많이 좋아하는 것은 아닌 것	___ 186
6장 너무 어렵지도 쉽지도 않은 목표	___ 189
7장 교실 환경 살펴보기	___ 193
8장 장난감, 아이패드, 책	___ 195
9장 협력의 필요성	___ 205
10장 마무리는 혼자서	___ 208

4부 · 더 나누고 싶은 이야기

1장 지나친 일반화	___ 214
2장 증후군에 대하여	___ 217
3장 일반학교 vs 특수학교	___ 220
4장 학습장애와 자폐 범주성 장애	___ 225
5장 다운증후군과 자폐 범주성 장애	___ 228
6장 주의력결핍/과잉행동장애와 자폐 범주성 장애	___ 230
7장 사회적 나이에 따른 존중(Age Respectful)	___ 235
8장 신경다양성아동(Neurodiverse Children)	___ 238
9장 보조교사(EA, not SEA)	___ 240
10장 장애아동과 함께하는 예배	___ 242

에필로그
참고문헌

1부

아이를 알아야 방법이 보인다

1장
넓은 의미의 전환

"온몸과 마음을 다해"라고 하면 거창한가 싶기도 하지만, 특수교육은 나에게 그런 영역이었다. 나의 온몸과 마음을 다해 하고 싶었던 공부, 그래서 3년 동안의 대학원 생활이 지금도 그 모든 하루하루가 기억날 만큼, 매 순간 의미 있고 행복한 시간이었다.

전환, Transition
언젠가 임용고시를 보고 중등학교 교사로 설 꿈에 설레던 그 시간. 대학원에서 처음 만난 이 단어는 공부를 시작하는 순간부터 늘 내 앞머리에 머무는 중요한 무엇이었다.

내가 만날 아이들이 중고등학생이라면 대학에 진학하지 않을 경우 고등학교가 삶의 마지막 교육기관이 될 가능성이 높고, 다음으로 가야 할 곳은 일하는 곳, 복지관, 직업재활센터 등이 될 것이다. 이렇게 생각의 꼬리가 물려가며 진로교육, 전환교육으로 번역되는 'Transition Education'은 나의 관심 영역이 되었다.

하지만 나는 '전환'을 제대로 이해하지 못한 채 졸업했다. 도서관에서 자료를 찾았을 때, 어떤 글에서는 '고등학교 이동 수업'과 '직업교육'을 다루고, 어떤 글에서는 '화장실 훈련'을 다루고 있어 그 모든 것이 어떻게 같은 범주 안에 든다는 것인지 이해가 안 되었다. 저널을 읽으면 읽을수록 의미는 하나로 모이지 않았다. 오히려 무엇이 전환인지에 궁금증만 늘어갔다. 왜냐하면 전환이란, 아이들을 만난 경험에서 배워지고 알게 되는 영역이기 때문이었다.

여기서는 현장에서 일하며 몸으로 배우고 이해한 그 전환을 얘기하고자 한다. 자폐 범주성 장애아동을 이해하는 '첫 시작'이며, '전부 다'이며, '이것 하나만 정확히 이해하면'이라는 단서를 붙일 수 있는 것이 바로 '전환'이다. 그리고 이 모든 전환의 어려움은 아이들이 깃고 있는 기질적인 예민함, 감각 통합 문제와 긴밀하게 연결된다.

우리 아이들은 다른 장소로 이동하는 것을 포함하여 지금 아이를 둘러싼 상황이 변화하여 새로운 자극을 받게 되는 것을 받아들이기 힘들어한다. 아이들에게 자신이 받아들일 수 있는 영역이 바뀌는 것은 사람 많은 시장에서 엄마를 잃어버렸을 때만큼이나 놀라운 충격이고 견딜 수도 받아들일 수도 없는 고통이다. 고집불통이어서가 아니고, 말을 못 알아들어서도 아니다. 나의 기대와 예상 안에서 이루어지는 것은 변화가 아니다. 예상 안에서 이루어지는 일은 아이들이 반복된 일상에서 늘 받아들여지는 만큼의 감각 작용이 일어나는, 그리하여 수용 가능하고 고통을 느끼지 않는 범주 안에서 받아들일 준비가 된 일들이다. 하지만 변화가 있을 때 아이들은 예상 밖의 변화에서 오는 그 미세한 새로운 자극을 정확하게 발견하고, 이는 즉시 아이들에게 어려움과 고통으로 다가간다. 자연스럽게 넘어갈 수 있는 작은 변화란 없다. 아이들에게 변화는 불편함을 넘어 공격을 받는 것이고 고통이고 참기 어려운 아픔이다.

하나에서 열까지 작은 부분들로 나누어, 시간을 충분히 갖고 아이 스스로가 '나의 안전한 부분'으로 이해하게 되는 만큼씩만 다가가야 한다. 오랜 시간을 두고 천천히, 아이가 받아들이는 '안전한 영역'을 조금씩 넓혀가야 한다. 아이들에게 궁극적으로 해줄 수 있는 것은 아이들의 '예상의 범주'를 넓혀 주는 것이다. 자신이 예상하고 있는 것이 바로 다음에 이루어져야 아이들은 편안함을 느낀다.

체육시간을 위해 교실에서 체육관으로 가는 것, 도서관 수업이어서 교실에서 도서관으로 가는 것과 같은 공간의 이동, 학교를 졸업하고 직장인의 삶을 시작하는 생활의 변화, 이갈이가 시작되는 6-7세, 어느 날 이가 빠져 잇몸 위에 있던 이가 없어진 상황에서 새 이가 날 때까지 기다려야 하는 것, 그리고 이갈이를 할 때 잇몸에서 시작되는 기분 이상한 통증과 같은 몸의 변화, 갑자기 키가 자랄 때 성장통으로 다리에 이상한 기분이 드는 것, 특히나 잠자리에서 다리가 더 저린 것처럼 느껴져 잠이 들 수 없는 것, 겨울에서 봄이 되어 날씨가 따뜻해지면서 긴 팔 옷을 짧은 팔 옷으로 갈아입는 것, 늘 집에서 학교로 오는 길이 소풍 가는 날에 곧장 집에서 소풍 가는 장소로 가게 되는 것과 같은 일정의 변화, 모양은 같지만 엄마가 늘 담아 주던 간식인 치즈 맛 물고기 과자가 다른 맛 물고기 과자로 바뀌었을 때, 기저귀를 떼고 화장실에서 소변이나 대변을 처리해야 하는 훈련이 시작되었을 때, 학교 일정의 변화로 특별한 행사가 개입되었을 때, 운동장에서 놀고 있는데 갑자기 비가 쏟아져서 실내로 옮겨가야 할 때, 이사로 인한 공간의 변화, 늘 먹던 회사의 피자를 구할 수 없어서 다른 회사의 피자를 먹을 수밖에 없을 때 씹는 질감과 맛의 변화, 학년의 이동으로 인해 교실이 바뀔 때, 엘리베이터에서 다른 사람의 개입으로 인해 늘 누르던 버튼의 순서가 바뀔 때, 학교에 아이를 등교시키고 집으로 가기 전 손을 흔들어 주던 아빠가 창밖을 보며 손 흔들어 주기를 기다리고 있었던 아이에게 손 인사하는 것을 깜빡 잊고 그냥 집으로 갔을 때, 배가 아파 응가를 해야 하는데 응가 하는 것으로 오는 변화(응가가 몸 밖으로 나가는 것, 배가 아픈 것, 기분이 이상해지는 것 등)가 받아들여지지 않을 때….

영화 〈템플 그랜딘〉에서 여주인공은 문을 열고 들어갈 때마다 문 앞에서 호흡을 하고 "이 문을 열면"으로 시작하는 짧은 문장을 암송한 후 문고리를 돌린다. 나의 예상과 계획에 있지 않았던 새로운 것들이 이 문을 여는 순간 넘치듯 다가올 것이기에 그것에 대한 두려움을 대비하기 위해 내뱉는 깊은숨. 변화를 받아들이기 어려운 우리 아이들의 모습을 표현하고 있다.

늘 하고 있던 패턴에서 벗어날 때, 머릿속에 기대하고 있는 다음 번 순서가 바뀔 때 너무나 큰 스트레스와 고통을 받는 우리 아이들. 당연하고 자연스러운 변화여서 이게 왜 힘든 것인지 도저히 이해가 안 되는 그 부분, 그래서 엄마로서 화가 나고 마음이 무너져 내릴 때, 그래도 이 부분을 이해하는 것이 우리 아이들을 이해하는 '시작이고 전부'가 될 수 있음을 기억해야 한다.

교실 현장에서 "○○가 오늘 트랜지션에 문제가 많네"라고 말할 때는 대부분 "장소 이동에 어려움이 있었어", "도서관으로 가야 하는 중에 복도에 누워 버렸어", "화장실에서 일을 마치고 문을 열고 교실로 와야 하는데 화장실 바닥에 누워 버렸어" 등과 같은 행동으로 이해된다. 실제로 아이들은 어떤 변화로 인하여 불편함을 느끼게 되는 순간, 문제에만 함몰하게 되며 그다음 동작으로의 이동, 그다음 장소로의 이동은 어려워진다. 이처럼 작은 변화로 인해 시작된 어려움은 장소를 이동하는 어려움에 바로 영향을 준다. 많은 학술연구에서 전환교육은 장소 이동을 자연스럽게 하도록 돕는 것이다. 하지만 위에서 언급한 것처럼 감정, 시간, 계절, 신체의 변화 등을 비롯한 모든 '변화'에 예민함을 보이는 우리 아이들의 특성이 장소 이동을 어려워하는 것과 비슷한 이유에서 설명될 수 있기에 아이들이 어떤 의미에서든 변화를 받아들이기 어려워하는 바를 '넓은 의미의 전환'으로 이 책에서는 얘기하고자 한다.

소풍1

소풍 가는 장소가 집에서 가까운 곳이어서, 그리고 자주 엄마와 산책 나오던 곳이기에 엄마는 학교가 아닌 소풍 장소에 아이를 내려다 준다. 그런데 그 순간부터 아이가 울기 시작한다. 세상이 없어지는 슬픔보다 더 크게 울고 소리 지르는 행동은 한 시간이 넘도록 조금도 약해질 줄 모른다. 담임교사와 의논 후 내 차로 아이를 태우고 일단 학교, 우리 교실까지 가기로 했다. 익숙한 교실 안에서 잠잠해시길 기다린 후, 평소 사용하던 스케줄표에 소풍과 그다음 순서의 그림들을 붙여 주고 최대한 간단한 단어만 사용하여 천천히 낮은 목소리로 반복함으로 충분히 이해가 되도록 해준다. 학교 - 운동장 - 나영 선생님 차 - 소풍 장소 - 점심 식사 - 집. 그렇게 다시 소풍 장소로 돌아간다. 이해가 되고 예상한 대로 흘러갈 때 몸도 자연스럽게 따라간다.

이갈이

여섯 살이 넘어가면서 유치가 빠지고 영구치가 나오기 시작한다. 늘 있었던 자리에 치아가 없어진 것이 당황스럽다. 하루 종일 빠진 이가 있던 잇몸을 손으로 문지르며 "이 이" 하고 운다. 담임선생님, 언어치료 선생님과 의논하여 '이가 빠졌어요' 라는 주제로, 그림을 곁들인 7장 분량 정도의 상황 이야기Social Story를 만들어 준다. 이야기책에서 주어는 아이의 이름을 사용한다. 여러 번 읽어 주며 빠진 이가 시간이 지나면 다시 난다는 것을 알려 준다. 아이들은 머리로 이해가 되면 편안해한다. 매일 이동할 때마다 이동하는 장소에 대한 그림이나 글자카드(도서관, 체육관, 화장실 등)를 사용하는 이유가 여기에 있다. 머리로 내가 갈 곳이 이해가 되면 그때 순조로운 이동이 가능해진다.

체육관

날쌘돌이여서 어디든 가만히 걸어갈 리 없고 늘 뛰어다니는 아이가 갑자기 체육시간에 체육관 가는 것을 싫어한다. 체육관 근처에도 가지 않으려 하고, "체육관 싫어!"만 반복하면서 복도에 드러누워 엉엉 운다. 평소 운동을 좋아하는 아들이 체육시간을 싫어 한다고 하니 엄마도 무슨 이유인지 알 수가 없다. 담임선생님, 작업치료사와 의논 후 결정한 것은 두 가지다. 첫 번째는 점진적으로 체육관에 머무는 시간을 늘려가는 것,

두 번째는 청각적 자극이 예민한 편인데 체육관 공간의 특성상 '웅웅' 울리는 소리가 싫을 수 있으니 헤드폰을 끼어 보는 것이다. 타이머, 헤드폰, 그리고 아이가 제일 좋아하는 과일인 블루베리 한 알을 손에 든다. '먼저-다음판'First Then Plate(이것을 어떻게 부르면 좋을지 고민하다가 이 책에서는 '먼저-다음판'이라고 부르기로 한다)에는 체육관 사진과 블루베리 사진을 붙이며 "체육관 먼저, 다음 블루베리야!"라고 말하며 보여 준다. 체육관에 들어가기 직전 한 번 더 읽어 주고 보여 주며 헤드폰을 끼워 준다. 첫 주는 5분부터 시작한다. 5분만 체육관에 있으면 블루베리를 먹기로 한다. 5분 알람이 울리면 '끝'을 정확히 인지하게 해주고 바로 블루베리를 주고 교실로 이동한다. 이렇게 1주일에 5분씩 늘려 두 달이 지나는 순간 20분 정도 머물기가 가능해진 어느 날, 스스로 헤드폰을 벗고, 시간 가는 줄 모르고 체육관에서 놀기 시작한다. 이제 아이에게 또 하나의 안심공간이 생겼다.

새 교실

유치부에서 2학년까지 7-8명 학생이 있는 우리 교실에 나이로는 3학년인 이 아이는 또래보다 훨씬 크다. 상급교실로 옮겨가야 하는데 새 교실로 가기가 어렵다. 9월 새 학기부터는 새 교실로 가는 것을 목표로 하고, 겨울방학 무렵인 12월부터 교실 이동 연습에 들어간다. 제일 좋아하는 아이패드와 자동차 장난감을 가지고 점심을 먹은 후 3-4학년 교실에 머문다. 처음에는 5분, 그리고 1주일에 5분씩 늘려가기로 한다. 그렇게 해서 봄방학 전까지 하루 전체를 새 교실에 있을 수 있게 되었지만 요즘 다시 불안감을 표현하며 도전행동(문제행동Problem Behavior으로 불렸던 아이들의 행동 특성을 최근 도전행동 또는 도전적 행동Challenging Behavior으로 부르고 있기에 이 책에서도 '도전행동'이라 표현한다)을 드러내기 시작해 다시 우리 교실에서 함께하고 있다. 교실로 돌아온 첫 한 달간은 끊임없이 뛰어다니며 불안감을 표현하더니 어느 정도 시간이 지난 후 다시 책상에 앉기가 가능해지고, 편할 때 표현되는 행동인 흥얼거리기, 웃기, 앉아서 밥 먹기를 시작한다. 여름방학이 오기 전 다시 한번 새 교실로 가는 연습을 처음부터 시작한다. 그렇게 긴 적응 기간을 거치고 새 교실에서 새 학년을 시작하였다(2025년 현재, 일반 공교육 기관인 집에서 가까운 초등학교로 전학을 가서 잘 지내고 있다).

소풍2

과학관으로 소풍을 간다. 분수처럼 오르는 물을 따라 올라갔다 내려갔다 하는 색색의 공들을 보느라 바닥에 누워 버린 아이. 그 옆에 똑같은 자세로 나도 눕는다(혼자 누우면 이상해 보이지만 둘이 누우면 덜 이상해 보이는 효과가 있다). 큰 어려움 없이 점심시간이 되어 야외에서 점심을 먹는다. 그리고 갑자기 내리는 비. 하지만 꼼짝하지 않고 그 자리에서 계속 식사를 하고 있는 아이들. 갑자기 내리는 비를 피하려면 얼른 실내로 달려 들어가야 하지만 먹기 시작한 위치에서 갑자기 다른 위치로 바꾸는 것은 어렵다. 그래서 전환에 어려움이 없는 아이들만 실내로 이동하고 대부분의 아이들은 빗속에서 놀며 밥을 먹는다. 그래도 괜찮다.

2장
받아들임

마음은 무너지지 않아

언젠가 아들이 많이 아파 "마음이 무너지는 것 같아"라고 이야기를 하였을 때 친구가 해준 이 말이 큰 위로가 되었다. "마음은 무너지지 않아, 나영아."

손에 잡을 수 없는 '마음'을 부러뜨릴 수 없는 게 너무도 맞아서, 그 순간 '그래, 마음은 무너지지 않아'라고 되뇌며 다시 힘을 낼 수 있었다.

내 아이가 장애가 있다는 것을 알게 되는 순간 엄마의 마음은 무너진다. 그래도 그냥 땅만 보고 있으면 안 되는 이유는 내가 이 아이의 엄마이기 때문이다.

장애를 아무 일도 아닌 것처럼 받아들인다는 것은 거짓말이다. 매일 학교 현장에서 다양한 장애의 모습을 만나고 있는 터라 내가 갖고 있는 이 하찮은 어려움을 장애라고 말하기 쑥스럽고 적당한 표현 같지 않지만, 나는 왼쪽 눈이 의안이다. 첫

돌 지나고 안암으로 적출 수술을 받았기에 내 기억에는 세상을 두 눈으로 본 적이 없다. 마치 태어날 때부터 한 눈인 것처럼 살아왔기에 누군가에게는 그 오랜 시간 속에 내가 모든 것을 넘기고 태연해져 더 이상 마음이 아프거나 상하는 일은 없어 보일 수도 있겠지만, 이 나이에도 여전히 한 번 더 쳐다보는 시선은 마음을 움츠리게 하고, 세상을 두 눈으로 보면 어떤 모습일지 궁금하고, 나 때문에 내 아이들이 놀림을 받으며 곤란을 겪으면 어쩌나 걱정스러워질 때도 있다. 한때는 '왜 나만?'이라는 회피의 시간도 있었고, 한때는 '만약 아프지만 않았더라면'이라는 부정의 시간도 있었다.

특수교육을 학문으로 배우며 책에서 문자로 읽은 '장애를 받아들이는 단계'를 한 단계도 건너뛰지 않고 시간을 두고 열심히 지나왔다. 나는 지금도 책에서 말하는 그 완전한 받아들임, 인정, 수용의 단계로 가는 중이다.

내 아이가 장애를 지닌 아이임을 알게 되는 순간, 세상의 모든 엄마는 위에서 언급한, 그리고 다른 전문 서적에서도 다루고 있는 회피와 부정의 단계를 겪는다. 더 나아가 '나에게서 태어나지만 않았어도', '내가 몸을 튼튼하게 해서 낳았더라면' 하는 죄책감, 아이의 인생을 책임져야 한다는 책임감에서 벗어날 수가 없다. 그리고 이 시간은 어쩌면 피할 수 없이 지나가야 하는 통로가 된다.

만약 이 통로를 지나야 한다면 빨리 지나가자고 말하고 싶다. 우리 아이들에게는 연구를 통해 드러난 '훈련과 배움의 효과가 효율적으로 나타나는 시간'이 있다. 회피와 부정의 단계가 길어져 이 귀한 시간을 놓치지 않기를 바란다. 회피와 부정의 단계를 지나 포기와 일어설 수 없는 어려움의 상태로 이르는 가정도 있지만, 회피와 부정의 단계를 지나 받아들임의 단계로 들어섰을 때 이 아이로 인해 가정이 더 돈독해지고, 감추어진 부분들이 드러나 빛이 나면서 그 삶이 더 반짝이게 되는 가정도 많다. 엄마의 수용, 인정, 이해 이것이 아이의 인생을 결정짓는 중요한 출발점이다. 내가 먼저 내 아이를 있는 모습 그대로 받아들이고 이해하는 바로 그때가 아이의 건강한 자존감이 자라기 시작하는 때다.

내 아이가 오늘 자폐 범주성 장애 진단을 받았다. 그렇다면 나는 다른 엄마는 경험하지 못할 새로운 직업을 갖게 된다. 세상 누구보다 바쁘고 똑똑하고 당당한 엄마가 되어 보자. 공부를 하자. 단지 웹사이트에 떠도는 작은 메모 스타일의 요약된 글을 보는 것만으로는 부족하다. 두툼한 전문책을 읽고 지금 내가 무엇을 할 수 있는지를 찾아야 한다. 잘못된 광고 선전과 연결되지 '않은'(잘못된 광고를 동반하여 '치료를 통해 100% 낫는다'를 내세우는 병원이나 한방병원을 찾지 않도록 주의한다. 이 늪에 빠지면 헤어 나오기 어렵다) 진심으로 마음을 나누어 줄 수 있는 엄마들의 모임을 찾아보자. 언어치료, 놀이치료, 물리치료를 알아보고 내 계획과는 상관없이 주어진 이 직업을 치열하게 해내 보자. 내가 지금 도움이 필요한 상태인지도 점검하자. 혼자 이 일을 감당하기 어렵다고 판단된다면 열심히 주변의 도움을 받으며 나의 정신과 마음의 건강도 튼튼하게 지켜나가야 한다. 엄마도 때로는 상담치료가 필요하고, 쉼이 필요하고, 아픈 마음을 구구절절 털어놓을 수 있는 마음 통하는 친구와의 수다가 필요하다. 조급해지지 말자. 스스로에게 매일 칭찬해 주자. "오늘도 참 잘했어, 수고했어"라고!

장애를 이기고 스타가 된 제자는 없지만, 어떤 한 분야에서 전문가가 된 제자는 없지만, 나는 매일 장애를 받아들이고 건강하게 하루하루를 열심히 살아가며 그 안에서 행복한 아이들과 아이들의 엄마를 만난다. 현실을 온전히 받아들이고 매일매일을 살아가며 웃음을 찾고 기쁨을 누리는 그냥 평범한 아이들과 가족들, 이들이 나에게는 진정한 스타다.

할 수 있는 한 빨리 받아들이고, 회피와 부정의 시간을 짧게 하는 엄마가 되지. 모든 아이들이 다르듯, 모든 엄마의 삶도 조금도 비슷하지 않다. 다 다르다.

3장
감각 문제(Sensory Issue)

사람이 느끼는 감각은 매우 다양하다. 시각Sight/Visual, 청각 Sound/Auditory, 중력을 느끼는 감각, 후각Smell/Olfactory, 미각Taste/Gustatory, 촉각Touch/Tactile, 원심력을 느끼는 감각, 압력을 느끼는 감각, 신체의 위치에 대한 감각Body position/Proprioception(팔, 다리, 머리, 손가락, 발가락 등 몸의 부분들이 어디에 있는지를 느끼는 감각), 운동감각Movement/Vestibular(뛰고 걷고 돌고 하며 몸의 기관들을 움직일 때 느끼는 감각), 내수용 감각/내장기관 감각Felt Sense/Interoception(배에서 꼬르륵 할 때, 음식물이 넘어갈 때, 배변이 나올 때, 침이 넘어갈 때처럼 장기 안에서의 변화를 느끼는 감각).

우리가 의식조차 못 하고 본능적으로 느끼는 감각들이다. 그런데 우리 아이들은 감각기관들을 통해 자극을 받아들이는 방법이 일반적이지 않다. 완전하게 그 이유를 설명할 수는 없지만 현재까지 밝혀진 바로는, 뇌에서 감각을 받아들이는 부분이 너무 많이 혹은 너무 적게 활성화되어 있어서 감각을 받아들이는 체계가 일반적이지 않으며, 감각을 수용하는 신경 시냅스 간의 연결 관계가 불완전하여 감각을 느끼는 속도와 정도가 다르다는 연구가 있다. 이에 따라 어떤 자극은 너무 강하게, 어떤 자극은 너무 약하게 느껴지기도 하고, 일반 사람들은 느끼지 않는 수많은 자극을 동시에 받기도, 받지 않기도 한다. 그리고 수많은 자극이 끊임없이 주어지는 상황을 불편해하고 견디기 힘들어한다.

감각이 충분히 세게 느껴지지 않는 불편함이 있을 때 아이는 충분히 그 감각을 채워 편안함에 이르기 위해 특정한 자극을 계속 추구하고 찾는 행동을 하게 된다. 예를 들면, 혀로 계속 사물을 핥기도 하고 몸의 일부분을 계속 부딪치기도 한다. 손가락으로 종이를 계속 파다닥파다닥 움직이기도 하고 과도하게 점프를 하기도 한다. 특정 온도에 편안함을 느끼는 아이를 위해 찬물과 뜨거운 물을 딱 아이가 좋아한 온도에 맞게 틀어 아이가 즐겁게 놀 수 있도록 하기도 한다. 아이마다 감각 추구에 해당하는 행동은 너무도 다양하다.

반면에 어떤 감각이 너무 강하게 느껴지는 경우에는 감각회피 행동을 하여 편안함을 추구하게 된다. 특정 소음이 너무 크게 들려 괴로울 경우 귀를 막으며 소리를 지르기도 하고, 어둡고 조용한 곳을 찾아 구석진 곳으로 가기도 한다. 빛의 양을 줄이거나 막기 위한 자신만의 방법을 만들기도 하고, 살짝 닿는 접촉도 고통으로 느끼며 싫어할 수 있다. 감각회피에 해당하는 행동 또한 매우 다양하다.

　감각을 느끼는 방법이 일반적이지 않은 것은 앞에서 언급한 '전환'과 함께 자폐 범주성 장애아동을 이해하는 또 하나의 중요한 열쇠다. 중학교 교사일 때 '창의적 재량 활동'이라는 과목이 신설되어 반 아이들을 대상으로 '장애 체험' 수업을 해본 적이 있다. 이는 특수교육을 공부할 때 강의시간에 해본 것이기도 하다. 눈을 가린 상태에서 친구의 목소리만 듣고 목표 지점 다녀오기, 털장갑을 끼고 작은 콩들을 하나씩 집어 옮기기, 발표 때 쓰는 레이저 펜의 레이저를 쏘고 있는 그 사이를 통해 글자 읽기, 신발 아래 작은 자갈을 넣고 걸어 보기, 크게 보이는 돋보기나 작게 보이는 돋보기를 쓰고 걸어 보기, 모자의 앞부분에 색 셀로판이나 리본을 여러 개 붙인 상태로 걸어 보기, 칠판을 손톱으로 긁을 때 나는 '끽!' 소리를 10초 단위로 들어 보기, 입안에 큰 마시멜로를 양쪽 볼에 한 개씩 넣고 대화해 보기, 공사장 큰 소음을 이어폰으로 들으며 대화하기.

　사람들은 누구나 자신이 느끼는 불편함을 줄여서 보다 편하고 안정된 상태가 되려고 한다(이것을 자기조절기술Self Regulation이라고 한다). 귀에 큰 소리가 들리면 귀를 막아 소리를 줄이고, 발이 땅에 닿는 느낌이 불편하면 발꿈치를 계속 땅에서 띄고 있으려 하며, 가만히 있는 것이 불편하면 몸을 좌우로 움직여 본다. 이처럼 감각적으로 불편함이 없거나 덜한 쪽으로 움직인다.

침대에 누워 뒤척이는 나의 모습을 그려 보자. 왜 뒤척이는지 물으면 대답은 "불편하니까"다. 지금 다리를 어떤 모양으로 하고 있는가? 꼬고 앉아 있는가, 벌리고 앉아 있는가, 왜 그런 모습으로 앉아 있는가? "편하니까"다. 사람의 몸은 가능한 한 통증이 없고 불편함이 없는 상태를 유지하려 한다. 아이들도 마찬가지다. 자폐 범주성 장애아동이 많이 다니는 우리 학교에는 발레리노, 발레리나 아이들이 많다. "항상 발뒤꿈치를 들고 걸어도 피곤하지 않을까?"라고 묻는다면 "발뒤꿈치를 듦으로 인해서 편함을 유지하고 있는 중이다"라고 말할 것이다. 하루의 대부분을 담임선생님의 회전의자에 앉아 끊임없이 돌고 도는 아이가 있다(어지러움을 느끼는 정도가 다르다). 손가락을 눈앞에서 파닥파닥 계속 움직여 형광등 불빛을 다른 방법으로 받아들이는 아이도 있다. 머리카락이 허리 밑에 올 만큼 긴 우리 반 아이는 태어나 한 번도 머리카락을 잘라 본 적이 없는데, 이 긴 머리카락이 해주는 부분이 많다. 얼굴 앞으로 다 내려 빛을 조절해 주고, 획획 세게 돌려 바람도 내어준다. 침의 끈적거리고 미끈거리는 느낌이 좋은 아이는 장난감에 침을 담아 놓고, 토하기 직전에 오는 느낌이 좋았던 아이는 손가락을 입안에 넣어 목젖 부분을 누르기도 한다(물론 이런 행동은 하지 못하도록 제지하거나 다른 방법으로 관심을 옮겨가도록 한다). 옆 반에서 한 아이가 울기 시작하면 우는 소리를 참을 수 없어 귀를 움켜쥐고 같이 울기 시작하는 아이도 있다. 높낮이를 주어 노래하듯 이야기를 하면 잘 받아들이는 아이도 있다. 도전행동이 보이기 시작할 때 껌을 씹으면(턱관절을 계속 움직이면, 혹은 껌을 씹을 때 자동으로 침을 계속 삼키게 되면) 안정이 되어서 좋아하는 회사의 껌을 가득 준비해 두는 아이도 있다. 가만히 서 있지 못하고 왼쪽 오른쪽으로 한 발씩 바닥에서 띄며 몸을 좌우로 같은 박자로 움직이기도 한다. 나이로는 구강기 시기가 아니지만 하루 종일 입안에 플라스틱 작은 장난감을 넣고 오물거리며 놀기도 하고, 음식을 씹을 때 혀로 느껴지는 식감 중에 싫고 좋은 것이 명확하여 골고루 음식을 먹이기가 어려운 일이 되기도 한다(재료가 혼합되어 한 번에 많은 자극을 주는 김밥이나 비빔밥은 먹기 힘들어하고, 세 가지 음식이면 세 가지 접시에 각각 따로 먹는 것을 좋아하는 아이도 있다). 턱관절에 불편함이 있는 아이는 하루 종일 '추이Chewy'라고 부르는 고무로 만든 단단한 막대기를 씹기도 한다. 시각적으로 예민한 아이들은 그림이 걸린 위치, 커튼 색깔, 가구의 배치 등을 사진 찍듯 정확히 기억Photographic memory하는 경우가 있다. 이런 경우 늘 보던 캐비닛이 제자리에 있지 않아서, 늘 보이던 소파의 위치가 달라져서 불안함을 느끼며 힘들어하기도 한다.

    신체의 어떤 부분을 움직여 너무 과하게 오는 자극을 줄여서 편하게 느끼려 하기도 하고, 거꾸로 아무것도 느껴지지 않거나 부족하게 느껴지는 게 불편하여 일부러 더 세게 부딪히거나, 쳤을 때 감각을 느끼며 편안함을 갖는 아이도 있다. 아이들마다 참 다르다. 이처럼 자폐 장애아동 본인들이 느끼는 감각의 폭은 정말로 천차만별이다. 그래서 엄마와 교사는 내 아이만의 감각 문제Sensory issue가 무엇인지를 파악하여야 한다. 무엇이 과도한 자극이 되는지, 무엇이 불편함을 줄 정도의 자극이 되는지 관찰을 통해 파악해야 한다. 매일 교실에서 "오늘 전환에 문제가 있었어"라는 말만큼 자주 사용되는 말이 "오늘 감각 문제Sensory issue 때문에…"라는 말이다. 내 아이가 어떤 부분에서 감각의 불편함을 느끼는지를 알아야 어떻게 불편함을 제거해 줄 수 있는지, 줄여 줄 수 있는지를 찾아볼 수 있다. 또한 어떤 자극이 아이를 기쁘게, 행복하게 해줄 수 있는지도 알아야 한다. 감각이 예민한 우리 아이들을 위해 기본적으로 우리가 준비할 수 있는 것들이 있다.

무취

냄새에 예민한 아이가 교실에 있다면 냄새를 줄인다. 밥 먹은 후 민트향 가글링도 안 된다. 커피 냄새, 껌 냄새, 카레나 다른 음식 냄새도 물론 안 된다.

짧고 간결한 말

말로 지시할 상황에서는 최소한의 단어를 사용하여 짧게 천천히 작은 목소리로 하는 것이 좋다. 긴 말은 아이에게 소음이 될 수 있기 때문이다. 그리고 반응이 오기를 반드시 기다려 준다.

아이가 듣고 뇌로 이해하고 손끝으로 행동하기까지는 시간이 필요하다. 목소리가 커지는 것을 야단치거나 혼내는 것으로 받아들이는 경우도 있기에 아이가 편하게 들을 수 있는 목소리 톤으로 천천히 간단하고 짧게 얘기한다.

예상 가능한 움직임
항상 아이의 예상 안에서 움직임을 갖도록 한다.

시각적 지원
시각적 지원 Visual Support 은 중요하다. 많은 아이들이 귀로 듣는 것보다 눈으로 보는 것으로 정보를 더 빨리 습득하기 때문이다. "화장실 갈래?"라고 묻기보다는 화장실 사진을 보여 주는 것이, "오늘은 음악, 산수, 사회가 있어"라고 설명해 주기보다는 스케줄표에 핸드폰 1/3 사이즈 정도의 그림이나 사진을 붙여서 보여 주며 이야기해 주는 것이 좋다.

- 눈을 똑바로 쳐다보지 말자.
- 체크무늬 옷은 가급적 피한다.
- 환경을 단순하고 깔끔하게 정리하고 위치를 바꾸지 않는다.
- 아이가 세게 누름(Deep Pressure)과 같은 기능적 마사지를 필요로 하는 경우(물리치료사, 작업치료사의 조언을 참고하여)를 제외하고는 신체적인 접촉은 하지 말자(충분한 라포가 형성되어 아이가

교사와 있을 때 안정감을 느낀 후라면 필요한 경우 적당한 신체적인 접촉은 가능하다).

그런데 여기서 의문점이 생긴다. 내 아이의 감각적 이상을 받아들이고 수용하여 모든 부분을 가능한 한 편하게 해주려 애쓰는 것에 집중해야 한다면 이 상황을 언제까지 우선적으로 유지해야 하는가에 대한 질문이다.

여기에 대한 대답은 "아이에게 안전감과 안정감을 먼저 준 후 시간을 충분히 갖고 천천히 상황을 일반적인 모습으로 바꾸어 간다"가 맞다. 공격당하거나 위협당하지 않을 안전한 공간에서 편안함을 누리는 안정감을 느끼는 상태가 지속될 때 그 토대 위에서 교육, 훈련, 학습이 이루어질 수 있다. 아이들은 끊임없이 경험하는 감각적 이상에 의한 고통으로 인해 한 공간에서 안전감과 안정감을 느끼고 그것을 믿고 유지하기까지 오랜 시간이 걸린다. 아이를 편히 해주는 것이 항상 먼저다!

감각 이완을 위한 놀이방(Sensory Room)

내가 근무하는 학교에 있는 감각 이완을 위한 놀이방Sensory Room을 소개한다. 많은 아이들이 이 방에 가는 것을 원하고 오래 머물기를 좋아한다. 체육관 벽 쪽으로 난 문을 열면 나오는 5평 남짓한 이 방은 캄캄하다. 사방을 검정색으로 페인트칠을 했기 때문에 작은 전등을 켜지 않으면 아무것도 보이지 않는다. 왼쪽 벽 쪽으로 2층 침대가 있고, 형광등을 켜면 책상 아랫부분으로 불이 들어와 갖가지 색의 투명 아크릴로 만들어진 블록을 갖고 놀 수 있는 작은 탁자가 있다. 천정에는 360도 돌아가는 큰 주머니처럼 생긴 그네가 달려 있다. 한편에는 보통 마사지 도구로 사용하는 널찍한 판 형태의 몸을 떨게 하는 기계가 있다. 몇몇 아이들은 자신의 몸의 한 부분을 이 마사지 기계에 붙이고 강도를 약하게 또는 강하게 조절하며 온몸을 떠는 것을 좋아한다. 벽에는 작은 조명들이 붙어 있는데, 껐다 켰다 하며 불이 반짝이기도 하고 한번에 밝게 다 켜지기도 한다. 이 캄캄한 방에서 아이들은 자신이 놀기 적당한 만큼의 밝기로 불을 켠 채 침대에 오르락내리락하거나, 그네를 타고 뱅뱅 돌거나, 달그락거리며 블록을 쌓거나, 때로는 아무것도 하지 않고 편하게 시간을 보낸다.

무거운 이불, 무거운 모자, 공기가 들어가는 조끼(Snug vest) **그리고 상자**
언젠가 "살짝 무거운 이불이 깊은 수면을 도와준다"는 문장을 읽은 기억이 있다. 교실에서 아이들이 자주 사용하는 무거운 이불을 생각하며 고개를 끄떡였다. 꽤 무거운 이불을 일 년 내내 덮고 자는 나를 생각하며 또 끄떡였다. 모두라 할 수는 없지만 많은 아이들은 조여 주는 느낌일 때 안정감과 편안함을 느낀다. 모든 감각 기관들이 필요 이상으로 깨어 있는 각성 상태여서 과도한 감각적 자극에 압도당하여 힘들어할 때, 때로는 도저히 알 수 없고 이해할 수 없는 이유로 엉엉 울 때 무거운 이불(모래나 콩류를 넣어 만들기도 한다. 웹사이트에서 'Autism weighted blanket'으로 찾을 수 있다)이나 공기가 들어가면 혈압계가 조일 때처럼 몸이 꽉 조여지는 느낌을 주는 조끼 Snug Vest 가 도움을 준다. 온몸의 힘을 다하여 꽉 안아 줄 때를 좋아하는 아이들도 있다. 모래가 들어가 무게감이 있는 모자를 쓰는 것도 도움이 되고, 아이가 들어가 앉을 수 있는 꽤 큰 플라스틱 상자도 아이의 온 관절과 피부를 자연스럽게 스스로 누르며 움츠리게 만들면서 도움이 될 때가 있다. '몸 타이즈 또는 몸 양말'이라고 불리는 온몸이 다 들어가 쭉쭉 몸을 스트레칭하며 노는 쫀쫀한 스판으로 된 직사각형 주머니도 도움이 된다.

불면증이 있어서 2-3일 동안 한잠도 자지 못하다가 3-4일째가 되면 고꾸라지듯 잔다. 잠을 2일 이상 못 자는 날이면 온몸이 구름 위에 있는 것처럼 떠 있는 느낌이 든다. 그때는 들리는 것도 깊은 물 속에 들어가 있는 것처럼 멍멍하게 들린다. 내가 듣고 싶은 것만 집중하여 듣는다는 것은 다른 모든 소리들은 신경 쓰지 않아도 되는 것으로 뇌가 스스로 여겨서 다른 노선을 끊어 버리고 들어야 하는 것만 듣도록 하는 것이라고 한다. 이렇게 잠을 못 자 피곤할 때는 차 소리, 새소리, 물소리, 아이들 소리 등 모든 소리가 다 한번에 동시에 복잡하게 들려 '참 재미난 경험이군!' 하며 하루를 보낸다. 그리고 온 신경이 방방 뜨는 듯한 이런 기분이 온몸을 눌러 주면 편안하게 되는 게 아닐까 생각하며 아이들의 기분을 그려 본다.

헤드폰

귀에 쏙 들어가는 이어폰 형태가 아닌 귀 전체를 감싸는 헤드폰이 있다. 요즘은 버튼을 누르면 귀를 감싸는 정도가 달라져서 바깥소리를 차단하는 정도를 조절할 수 있는 헤드폰Noise Cancelling Headphone도 있다. 이 헤드폰이 청각 자극에 예민한 아이들에게 사용된다. 일반인에게는 편하게 들리는 소리가 우리 아이들에게는 크게 울리는 소리로, 말소리와 자연소리가 섞인 소리로, 특별한 높이만 유난히 큰 소리로 들릴 수 있다.

모래놀이(촉감놀이)

감각통합놀이라고도 불리는 이 놀이들은 감각을 깨우고 자극하며 아이가 편안함을 느끼게 해준다. 텔레비전 육아 프로그램에도 자주 등장해 이미 많은 엄마들이 알고 있다. 대부분 이런 이름을 달고 있는 놀이들은 어지르며 놀게 되어서 치우려면 벌써 머리가 아파지는 물놀이, 모래놀이, 밀가루놀이, 쌀놀이, 녹말가루 반죽놀이, 콩을 다 엎어 놓고 노는 놀이 등을 말한다. 이 놀이들의 공통점은 어떤 고정된 형태 한 가지를 만드는 것이 아니라 계속 모양을 바꾸면서 무한 반복할 수 있다는 점이다. 다른 질감으로 자극을 주어 편안함을 주며 공격성의 발산을 돕는다. 어렸을 때 모래를 가지고 소꿉놀이를 했던 기억을 떠올려 본다. 모래 한 가지만 가지고도 참 오랜 시간 이야기를 만들고 놀았었다. 반죽놀이, 물놀이는 치우고 준비하기가 번거롭기에 교실에서 자주 사용되는 놀이는 모래놀이다. 모래가 담긴 상자에 둘러앉아 하는 이 놀이를 아이들은 좋아한다.

세게 누르는 마사지(Deep Pressure Massage)

잠깐 언급하였듯이 몸의 모든 감각기관들이 다 예민하게 깨어 있어서(각성되어 있어서) 아이가 계속 울고 힘들어할 때, 강하고 센 힘으로 눌러 주는 마사지(자폐 범주성 장애아동을 위한 마사지 방법이 유튜브에 올라와 있지만 반드시 물리치료사나 작업치료사의 조언을 받아야 한다)가 도움이 되기도 한다. 이때는 손가락보다는 양손 손바닥 전체를 이용하여 손바닥 사이에 아이의 팔, 손목, 손가락을 차례대로 넣어 3초씩 눌러 준다. 어깨도 양옆에서 안쪽으로 눌러 주고, 허벅지도 손바닥 전체를 이용하여 눌러 주고, 온몸을 힘껏 '안고 풀어주고'를 반복한다. 아이가 마사지를 좋아한다면 책상에서 학습활동이 끝난 후 해줄 수도 있고(책상에서 공부 먼저 하고, 다음에 마사지할 거야), 하루 중 어느 시간을 정해서 할 수도 있다. 손가락 끝에서 오는 불편한 느낌으로 인해 끊임없이 꼬집고 할퀴고 종이를 찢거나 구기는 도전행동을 보일 때도 있다(모든 꼬집기, 할퀴기, 구기기의 원인에 해당되지 않는다. 물리치료사나 작업치료사의 훈련을 받고 실시해야 한다). 이런 경우 아이의 손끝 마디 관절과 손톱 있는 부분을 2-3초 정도씩 꼭꼭 눌러 주는 마사지로 잠시 진정시킬 수 있다. 같은 선상에서, 브러시Brush 마사지도 교실에서 사용하는 방법이다(반드시 전문 치료사와 의논 후 시도한다). 신발을 세탁할 때 사용하는 브러시가 아니라 모양은 그와 비슷하지만 얇고 부드러운 칫솔 느낌을 주는 마사지 전문용 브러시다. 이 브러시를 어깨에서 손목 방향으로 천천히, 뒷목에서 허리 방향으로 등 전체를 내려가며 천천히 마사지해 주는 것도 아이들을 차분하고 편안하게 해주는 방법이다.

내 손가락 너 손가락

소근육이 발달하지 않아 정확하게 자기 손으로는 원하는 바를 이루기가 어려워서, 말로 "이거 원해요"라고 말하는 것이 어려워서, 변화하는 그 순간을 멀리서 잘되고 있는지 지켜보고 싶어서, 누르고 싶고 갖고 싶지만 손에 닿는 순간 받게 되는 감각작용이 두려워서…. 한 가지가 아닌 수많은 이유로 아이들은 자기들이 원하는 것을 성취하기 위해 어른의 소매를 잡아끌고 가거나 손가락을 잡아당긴다. 오늘 하루 종일 아이와 한 일은 아이가 원하는 리모컨을 정확히 눌러 아이가 원하는 빛의 세기로 조절해 주는 것과 아이가 원하는 온도와 물세기에 딱 맞게 수도꼭지를 열고 잠그고를 반복하는 일이었다. 복도에 있는 작은 문을 열면 '조용한 방Quiet room'이 나온다. 아이들이 어떤 감각의 공격들로부터 피하고 싶을 때 찾는 곳이다. 이 방에 달려 있는 LED 전등이 요즘 이 아이의 중요한 놀이도구다. 리모컨으로 '켜고, 웜톤으로 바꾸고, 쿨톤으로 바꾸고, 끄고' 이 네 가지 과정을 반복한다. 복도에 있는 싱크대에 서서 찬물, 더운물을 원하는 만큼의 세기로 틀어 받은 후 한꺼번에 물이 내려가는 것을 지켜보고 다시 물을 받으며 놀 때에도 끊임없이 손가락을 잡아당긴다. "내 손가락이 아니고 이건 너 손가락이야~" 하며 하루 종일 아이의 원하는 바를 정확히 수행한다. 아이가 원하는 바를 정확히 즉시 이루어 줄 때 아이가 소리 지르고 바닥에 머리를 부딪히며 화를 내는 행동이 없어지기에 무엇이 아이가 원하는 것인지를 정확히 읽어내고 빨리 요구를 들어준다. 바로 그때 아이의 믿음을 얻게 된다. 이렇게 아이와 행동 문제없이 즐겁게 노는 시간이 늘어나면서 아이에게 나는 "나는 딱! 나영 선생님이 좋아요!" 하는 사람이 되어간다. 감각이 예민한 우리 아이와 좋은 관계를 형성하기 위해 가장 필요한 것은 아이의 세밀한 요구를 정확하게 읽고 들어주는 것이다. 읽기 쓰기 등의 학습은 그 후에야 가능하다.

옷 고르기

감각이 예민한 우리 아이들은 옷 고르기가 어렵다. 옷을 사면 우선 껄끄러운 태그는 가위로 깨끗하게 자른다. 아이가 좋아하는 옷은 색깔보다는 천의 촉감, 몸에 조여지는 정도, 손목 발목에 닿는 느낌이 더 중요하다. 한 아이는 바지를 허벅지 위까지 걷어 올려 엉덩이가 꽉 끼이게 입는 것을 좋아한다. 많은 아이들이 레깅스처럼 살을 살짝 압박하는 바지를 좋아하기도 하지만, 이 아이는 특별히 살짝 압박하는 정도가 아니라 강하게 조이는 정도의 느낌을 좋아한다. 어떤 바지도 보기 민망하게 삼각팬티 모양으로 접어 올려 입기에 어머니와 상의한 후 여러 가지 스타일의 바지를 시도해 본다. 자전거 선수 바지, 운동선수들이 입는 레깅스, 타이즈처럼 타이트한 바지 등 여러 바지를 시도한 끝에 아이가 고른 바지는 요가용 레깅스였다.

높은 곳이 좋아요

우리 아이들 중에는 기회만 있으면 위로 올라가기를 좋아하는 아이들이 있다. 이를 두고 어떤 사람들은 '중력의 차이를 다르게 느껴서'라고도 하고, 어떤 사람들은 '위에서 내려다볼 때 오는 감각(전체를 한눈에 볼 수 있어서 모든 것이 예상 가능해지는 것, 귀를 아프게 하는 소리가 약하게 들리는 것 등)을 편안하게 생각해서'라고도 한다. 이유를 정확히 알 수 없지만 유난히 위로만 달려 올라가는 아이들이 있다. 그런데 이 행동이 사고를 부른다. 집안에서는 냉장고에서 떨어지기도 하고, 학교 놀이터에서는 혼자 내려올 수 없는 곳까지 올라가서는 못 내려와서 쩔쩔매기도 한다. 잠깐 안 보는 사이에 올라갈 수 있는 곳이면 너무나 빠르게 올라가는 아이들이어서 잠시도 눈을 떼어서는 안 된다.

턱관절을 편하게 해주는 추이(Chewy)

수더Soother라고도 부르고 추이Chewy라고도 불리는 이것은 단단한 고무 재질로 만들어진 것으로, 모양은 막대기(두께 1센티미터에 길이 8센티미터 정도)나 P 모양이 많다. 웹사이트에서 'Sensory Soothers(씹는 장난감)'라고 검색하면 찾을 수 있다. 보통 이것을 필요로 하는 아이들은 긴 목걸이 형태로 목에 메고 다니며 필요할 때마다 질겅질겅 씹는다. 턱 근육의 긴장도를 완화해 주어 아이의 불안도를 낮춰 주는 역할을 한다. 하지만 이것이 학교에서는 가끔 관리하기 힘들 때가 있다. 일단 땅에 떨어지면 뜨거운 물로 씻어 주어야 하고, 어쩌다 떨어뜨렸는데 찾기가 어려운 경우는 온 학교를 찾아다니다가 교내 방송을 하기도 한다.

4장
있는 모습 그대로

장애를 이겨내고 성공한 사람들의 이야기를 담은 영화는 사람들에게 큰 감동을 준다. 그리고 많은 사람들이 이 영화를 통해 '나도 어려움이 있지만 딛고 일어나 저렇게 훌륭한 사람이 되어야지'라는 생각을 한다. 어마어마한 연습을 통해 피아니스트가 되기도 하고, 작곡가가 되기도 하고, 화가가 되기도 하는 장애를 딛고 일어난 사람의 훌륭한 이야기가 부럽기도 하고, '내 아이도 혹시…' 하는 생각, 나아가서 '내 아이를 저렇게 키워야지' 하는 생각을 한 번쯤 하게 된다.

고등학교 시절 헬렌 켈러의 시를 책상 옆에 붙여 놓고 읽으며 동기부여를 받았던 나였기에 큰 어려움을 딛고 일어난 분들의 이야기가 어떻게 많은 사람들에게 도움이 되는지 잘 알지만, 앞에서 언급한 받아들임에 대한 이야기에 더하여 한 번 더 "우리 아이를 있는 모습 그대로 이해하여 주세요"라고 말하고 싶다.

자폐 범주성 장애를 지닌 사람들 중에는 수학에 매우 뛰어난 능력을 보여 교수가 된 사람도 있고, 의사가 된 사람도 있고, 깔끔하고 정확하게 그리고 독특한 느낌으로 표현하는 그림을 통해 화가나 디자이너로 성공한 사람도 있다. 기억력이 뛰어나 사진을 찍은 듯이 정확하게 기억하는 사람들은 그 능력을 이용하여 직장을 구하기도 하고, 음 높이를 정확하게 따라 하여 화음을 잘 넣는 사람도 있다. 하지만 '모두'는 아니다. 세상에 많은 사람들이 다 영웅이 아니듯, 다 슈퍼맨이 아니듯, 다 공부를 잘하지 않듯 우리 아이들이 '모두' 어떤 뛰어난 능력을 하나씩 갖고 있지는 않다.

가끔 '내 아이가 늦지만 언젠가는 정상이 될 거야'라는 신념으로 아이의 모습을 받아들이지 못하고 숨기는 때도 있다. 그렇게 특수교육의 도움을 받지 못한 채, 언젠가는 보통의 아이들처럼 바뀔 것이라는 기대 속에 40년이 지나고, 50년이 지나기도 한다. 이 경우 가장 큰 문제는 부모의 가치관이 아이에게 전달되어 어른이 된 상황에서도 아무런 도움을 받지 않으려 하고, 어떤 특수교육의 선상에 있는 서비스도 경계하게 된다는 점이다. '나는 장애인인 너와 다르다. 나는 이런 장애인을 위한 도움을 받을 필요가 없다'라고 생각하는 것이다.

반대로, '내 아이가 잠깐이지만 지금 이 순간 집중적으로 공부하고 훈련하면 감기처럼 나을 수 있을 것이다. 지금은 아프지만 곧 나아서 정상이 될 것이다'라는 생각으로 아이의 훈련과 학업에 24시간을 쪼개고 쪼개어 이 순간이 아이에게 마술이 되길 바라며 매진하기도 한다.

두 경우 모두 아이를 있는 모습 그대로 받아들여 주지 못하는 예다.

"지금 나는 세상에서 가장 힘든 엄마다." 이 말은 정말 맞다. '힘들다'는 누구와도, 어떤 상황과도 비교해서 말할 수 없다. "누구보다 힘들어"도 사용할 수 없는 말이고, "누구보다 덜 힘들어"도 맞지 않다. 내가 힘들면 그냥 힘든 것이다. 그렇게 힘든 나의 모습도 있는 그대로 받아들이자. 나의 힘든 모습도, 아이의 변하지 않을 것 같은 오늘도 있는 모습 그대로 인정하자.

있는 모습 그대로 받아들이고 하루를 열심히 지나가는 것, 꼭 무엇이 되지 않아도 그냥 그렇게 평범하게 지나가는 하루를 감사로 받아들이는 것이 엄마의 마음도 아이의 마음도 더 편해지는 방법일 것이다. 아이의 있는 모습 그대로를, 나의 힘든 모습 그대로를 받아들이고 오늘을 보낸 엄마에게 세상에서 가장 따뜻한 포옹을 전해 주고 싶다.

5장
강박증과 유사한 행동

모두는 아니지만 우리 아이들 중에 강박증과 유사한 특성을 보이는 아이들이 있다.

쉬는 시간 놀이터의 테두리 난간 부분만 반복해서 걷고, 보도블록을 걸을 때도 자신만의 패턴이 있으며, 스쿨버스를 타러 가는 길은 항상 정해진 순서를 밟으며 지나간다. 교실의 소파나 의자의 위치가 바뀌는 것이 신경이 쓰이고, 자신이 보고 마음이 편안한 정확한 그 위치에 물건이 있어야 하는 '위치' 개념이 중요하다. 자기 몸보다도 무거운 의자나 책상을 옮기며 계속 원래 있었던 곳으로 재배치하려 하고, 요일별 달라지는 시간표도 매일 자신이 기대하고 생각한 틀에서 움직이는 것은 괜찮지만 갑자기 변수가 생겨 수업이 바뀌면 큰 스트레스가 된다. 점심을 먹을 때 물이 있어야 하는 위치, 빵이 있어야 하는 위치는 늘 같아야 하고, 점심때 먹는 버터를 바른 토스트는 세로 한 줄 가로 네 줄로 잘라져야 좋다.

어떤 아이는 손에 어떤 것도 묻는 것이 싫어서 미술 시간에 물감을 시도해 보려 하지도 않고 조금이라도 묻으면 바로 물로 씻어야 한다. 아주 작은 물방울이라도 옷에 닿아서 축축함이 느껴지면 옷을 모두 갈아입어야 하는데 갈아입을 옷이 또한 늘 입는 옷과 동일해야 한다. 몸에 난 상처에 덮이는 딱지가 불편해서 뜯어내야 하는데 그러다 보니 상처가 낫는 데 오랜 시간이 걸린다. 다른 사람의 팔에 난 딱지도 보이면 즉시 뜯어내야 하고, 도서관 책장에 붙은 분류표시 스티커도 뜯어내야 마음이 편하다. 이빨 사이에 낀 치석이 혀끝에서 느껴지는 게 불편하여 손톱으로 다 긁어내고 뜯어내는데, 그러다 보니 세상 어디에도 없는 깨끗한 이를 유지하고 있다.

어떤 아이는 복도를 지나가며 보이는 열린 문을 모두 닫아야 완전함을 느낀다. 세게 닫을 때 나는 '꽉!' 하는 소리가 주는 자극이 본인이 갖고 있는 감각적 흥미와 일치하여 재미를 느끼는 경우 복도를 지나가며 모든 열린 문을 있는 힘껏 닫는다. 왼발 오른발을 순서대로 바꾸어 앞으로 걸어야 하는 순간에도 뒤로 한걸음 갔다가 앞으로 갔다가 뒤로 한걸음 갔다가 앞으로 갔다가 하는 수많은 반복의 과정을 거친 후 마치 결심을 한 듯 한 걸음을 앞으로 내딛기도 한다. 늘 화장실에서 소변을 잘 보다가도 변기 앞으로 갔다 뒤로 갔다를 반복하느라 때를 놓치기도 한다.

이 모든 이야기들은 앞에서 언급한 감각문제, 전환의 어려움과 같은 맥락에서 이해되어야 한다. 감각이 예민한 우리 아이들은 늘 불안감이 높고 그 불안감을 줄이기 위해 스스로 지켜야 할 것들이 많다. "오늘 ○○가 OCD레벨(Obsessive compulsive disorder를 줄여서 교실에서는 이렇게 부른다)이 높네! 불안감이 정말 높아!" 하루에도 여러 번 교실에서 오가는 대화 속에 등장하는 또 한 가지 단어다.

정신과 전문의, 나를 가르쳐 주신 선생님과 특수교육 전문가, 상담치료사, 심리학자에게 의논하고 물어봐서 확인한 사항은 아니지만 '내 생각에는' 우리 아이들이 보이는 이러한 강박증과 유사한 행동 특성은 '치료되고 없애야 하는 관점'으로 보아서는 안 된다. 그렇기에 '강박증'이라고 이름을 따로 붙여 주는 것도 맞지 않다고 생각한다. 자폐 범주성 장애의 기본적인 특성(감각통합과 전환에 대한 어려움)이 원인이 되어 나타나는 양상이기에, 먼저는 이해하고 받아들이며 일상생활에 아이와 부모 모두 어려움이 적어지도록 친천히 시간을 두고 계획을 세워 교육하는 것이 옳다고 생각한다.

이러한 모습은 시금까지 보이지 않다가 어느 날부터 갑자기 정해진 패턴을 보이며 나타나기도 한다. 학교 현장에서는 사춘기가 시작되는 즈음(십 대가 시작되는 언저리) 발생하다가 시간이 지나면서 점점 양상이 줄어드는 경우도 있기에 선생님들 사이에서는 아이가 커가는 과정 중 나타나는 모습으로 이해되기도 한다. 아이 스스로 수많은 규칙을 만든 뒤 패턴대로 흘러가지 않으면 화를 내기도 하고 수없이 머뭇거리는 행동을 보인다. 이것은 본인 스스로에게 고통을 주는 환경이 다양하기에 그 많은 부분을 통제하고 자신에게 고통을 덜 주는 예상 가능 범주 안에 넣기 위한 노력의 일환이다. 이에 따라 주위를 스스로 통제하고 싶어 하는 의지도 높아진다. 때로는 어떠한 변화로 인해 불안감이 높아지거나 잠을 못 자 몸이 피곤할 때 발생 빈도가 올라가기도 한다. 정해 놓은 패턴에 따라 1, 2, 3 순서로 교실 문을 열고 들어가야 하는데, 2번에서 조금 불편한 상태로 지나갔다면 다시 1번부터 시작하여 완벽하게 1, 2, 3을 완성하고 문을 열어야 한다. 이 반복되는 과정에서 몇 분이 흐르기도 한다.

　보통 강박증과 유사한 행동이 나타날 때 아이의 불안레벨도 올라간다. 불안을 줄이기 위해 스스로 만드는 규칙과 패턴도 동일하게 늘어난다. 스스로 통제하지 못하는 상황에 다다랐을 때 당황하여 나타나는 그 불안감은 울음과 화냄으로 표현되기도 한다.

복도 걷기

이 아이와 복도를 걸으려면 팔 열 개, 발 열 개가 필요하다. 천천히 걷기가 안 되는 아이는 늘 어디든 뛰어다니는데, 복도에 섰을 때 보이는 문들은 모두 세게 쾅쾅 소리가 나도록 닫아야 한다. 그렇다면 내가 할 일은 하나다. 아이보다 빨리 움직여 아이가 문에 손을 대기 전에 재빨리 모든 문을 소리 없이 닫는 것이다. 도전행동이 나타나기 전 그 행동이 일어날 환경을 만들지 않는다는 원칙이 적용되는 순간이다. 반복된 '쾅!' 소리가 행동을 증가시켰던 것처럼, 반복적으로 시간을 두고 '쾅!' 소리를 듣지 못한 채 복도 지나가기가 지속될 때 아이도 '쾅!' 하며 닫는 행동을 잊어가게 된다.

스쿨버스 타기
매일 스쿨버스를 타고 귀가하는 아이를 스쿨버스까지 데려다 준다. 늘 그렇듯 운동장으로 바로 나오는 교실에서 가까운 출구가 아니라 복도를 더 걸어가 주차장 쪽 출구로 나온다. 운동장과 주차장의 경계가 되는 난간을 모두 밟는다. 차만 보면 바로 차 쪽으로 달려갈 수 있기에 손은 꼭 잡는다. 난간에서 떨어지면 다시 그 지점에서 시작하여 끝까지 난간을 다 지나간다. 지나가며 주차된 차의 번호판에 적힌 숫자를 모두 소리 내어 읽는다.

축축한 옷
소파에 앉아서 잘 놀던 아이가 갑자기 셔츠를 벗는다. 어디에도 축축한 부분이 없어서 '왜일까?' 고민하며 옷 구석구석을 만져 보니 미세하게 손목 부분이 축축하다. 마침 엄마가 보내준 여벌 옷을 다 사용한 터라 고민을 하다가 비슷한 다른 옷을 입혀 주었지만 역시 바로 벗어 버린다. 결국 헤어드라이어로 손목 부분만 재빠르게 말려 버렸다. 그렇게 다시 자기 옷을 입고는 좋아한다.

점심

입안에서 느껴지는 식감에 예민한 아이는 집에서 단백질 파우더를 탄 음료를 마셔서 건강을 유지한다고 한다. 그래도 엄마는 아이가 먹을 수 있는 몇 가지 음식을 8개의 칸으로 만들어진 스테인리스 도시락에 각각 구별하여 담아 준다. 어느 날 아이를 도와주던 실습생이 식사 시간이 아니지만 뭔가를 먹고 싶어 하는 것 같아 보여 약간의 음식을 도시락에서 덜어내어 다른 그릇에 옮겨 주었다. 그러자 아주 큰일이 났다. 고함소리가 커지고 화를 온몸으로 표현한다. 덜었던 음식을 재빨리 칸칸이 도시락에 다시 다 담아 두고 도시락 전체를 다 열어 책상에 올려 주었다. 그러자 문제가 해결되었다. 방울토마토, 치즈, 크래커가 한 접시에 섞여 있는 것이 몹시 싫었던 아이다.

반창고는 싫어

다음 시간에 사용할 학습지를 준비하느라 잠깐 가위질하는 사이 아이가 책을 타고 책장 위로 올라갔다. 냉큼 달려가 안고 아래로 내리는 중에 아이의 손이 날카로운 종이에 베어 손바닥에서 피가 나기 시작한다. 큰일이다. 무엇이든 피부에 닿는 것을 싫어해서 상처 딱지도 다 떼어내고, 로션이나 연고도 바르지 못하게 하고, 더군다나 밴드를 붙이는 것은 상상도 할 수 없는데 말이다. 역시 밴드를 붙이자마자 바로 떼어 버린다. 이런저런 모양의 다양한 밴드를 몇 번 시도하다 결국 피가 멈출 때까지 내가 손을 아주 꽉 쥐고 있기로 했다. 생각보다 피가 잘 멈추지 않아 한 시간을 꼭 잡고 있었다.

2부

아이는 이렇게 배운다

1장
루틴

얼마 전 〈뉴 암스테르담〉이라는 미국 드라마를 보며 혼자 웃었다. 닥터 굿 윈은 딸 친구의 엄마로부터 전화를 받는다. 대화 중 친구의 엄마는 "아침 9시면 공원을 산책하는 게 루틴이에요"라고 말한다. 생후 3개월도 되지 않은 아가의 엄마가 자연스럽게 말하는 '루틴'에 대한 이야기를 보며, '아직 아기인데 뭘 그리 시간표까지 만들어가며 요란하게 키워?' 하는 흉을 들으면서도 냉장고에 아기 시간표를 붙여가며 루틴을 중시하던 예전 내 모습이 생각나 웃음이 났다. 그러면서 '이 엄마, 뭐가 중요한지 잘 아는 엄마네' 하며 마음으로 별 하나를 건네주었다.

루틴은 중요하다. 우리 아이들에게 루틴은 정말 중요하다. 루틴은 전환과 감각문제를 이해한 다음 어떻게 아이를 지도할 것인가를 고민할 때 가장 첫 번째 답이다. 그렇기에 자폐 범주성 장애아동의 중요한 3가지 키워드를 말하라고 한다면 전환,

감각문제, 루틴이라고 말하고 싶다.

    루틴은 하루가 일관성을 가지고 흘러가는 것이다. 그 일관성 속에서 사람들은 안정감과 편안함을 느낀다. 아이러니하게도 일관성 있는 루틴의 삶이, 다람쥐 쳇바퀴 돌아가듯 똑같은 일상이라는 재미없고 건조하고 무의미한 삶으로 이해될 때도 있지만, 그래서 가끔 일상 탈출, 여행, 새로운 자극을 말하기도 하지만, 일반적으로 사람들은 아침에 일어나 밤에 잠들기 전까지 매일 해야 하는 일관성 있는 하루 속에서 편안함과 안정감, 그리고 내일을 다시 살아갈 힘을 갖게 된다. 루틴은 건강한 삶을 위해 중요하다.

    왜 루틴이 있을 때 안정감을 느끼게 되는 것일까? 그 답은 역시 '예상 가능함'이다. 루틴 역시 예상의 범주를 넓혀 주는 가장 확실한 방법이다. 사람들은 내가 생각하고 기대한 대로, 내가 주도하는 방향으로 일들이 이루어져 갈 때 마음이 편하다. 계획이 가능하고, 예상이 가능할 때 사람들은 '내가 주도하는 삶, 내가 생각한 대로 흘러가는 삶'을 살아가게 되고, 그 안에서 오는 성취감들이 편안함과 안정감을 준다. 아기도 마찬가지다. '이때쯤 우유를 먹어', '이때쯤 아빠가 와서 안아 주지', '이때쯤 산책을 해'와 같이 예상 시간에 맞게 하루가 흘러가는 상황 속에서 아기는 편안함, 안전함, 안정감을 느낀다. 그 안정감은 아기의 세계관, 즉 '이 세상은 내가 살 만하고 안전하며 나는 이곳에서 모험이라는 것을 해도 괜찮아'로 연결되는 것이다.

그런데 이 일관성 있는 루틴이 우리 아이들에게는 더 강력하게 중요하다. 이 또한 앞에서 언급한 감각을 느끼는 방법이 일반적이지 않은 것, 그래서 전환이 어려운 부분과 다시 연결된다. 앞으로도 여러 번 반복해서 말하겠지만, 자폐 범주성 장애아동과 함께하기 위해서는 아이가 지닌 감각 기능에 대한 이해와 전환에 대한 이해가 먼저 이루어져야 한다. 상황과 시간, 장소 등 모든 변화에 예민한 우리 아이들은 정확하고 변함없이 흘러가는 루틴 안에서 편안함을 느낀다. 상황이 예상 안에서 정확하고 틀림없이 흘러간다는 것은 나를 공격하고 침입하고 힘들게 하는 새로운 자극이 없기에 스트레스를 덜 받는다는 것이다. 거꾸로 말하면, 예상치 못하게 흘러가는, 루틴 없는 하루하루는 매 순간 홍수처럼 쏟아져 밀려오는 감각 문제들로 인해서 힘들어진다는 의미다. 우리 아이들은 자기들에게 익숙한 반복적인 루틴 안에서 행복하고 편안한 하루하루를 보낼 수 있다.

한번 루틴이 형성된 후 새로운 루틴으로 바꾸는 것은 어렵다. 그렇기에 특수교육 전문가로서 탁월한 능력을 발휘할 수 있는 분야가 바로 이 부분이라 할 수 있다. 아이도 행복하고 엄마도 행복한, 함께하는 교사도 행복하면서 교육적인 성과를 충분히 낼 수 있는 '의미 있는 루틴'을 만들어내는 것, 처음부터 아이의 다양한 상황들을 고려하여 탄탄하고 정확하게 만드는 것이 중요하다. 한번 설정된 루틴이 바뀌기 어렵다는 말은 의미 없는 시간들로 채워진 루틴으로 1년이 반복될 수도 있고, 아이의 발전을 높일 수 있는 의미 있고 건강한 루틴으로 1년이 행복할 수도 있다는 의미다.

올해 우리 반의 루틴은 다음과 같다. 우리 반 아이들은 뒤에 나올 세 가지 전환에 따른 분류 중에서 두 번째, 세 번째에 속하는 경우가 대부분이어서 어떤 아이는 부분적으로 교실 시간표에 따르지만 어떤 아이는 교실 시간표와는 별개로 개인 프로그램에 따른 자신만의 루틴으로 일과를 보내게 된다.

8:45	교실에 들어온다.
8:45-9:30	담임선생님으로부터 부여받은 책상과업을 보조교사와 함께 수행한다(아이에 따라 다르지만 보통 5분 정도 책상에서 공부한 후 5분 휴식하는 것을 반복하며, 3-4가지 주제의 과업을 바꾸어가며 한다).
9:30-10:15	담임신생님이 기펫에서 책을 읽어 주는 시간으로 카펫 시간이 이어진다. 스토리(담임교사가 고른 오늘의 책을 아이들에게 읽어 주는 시간), 날짜와 계절 확인하기(노래를 부르며 오늘 날짜와 요일, 계절과 날씨 등을 알아보는 시간), 아침 운동(노래에 따라 운동을 하며 몸을 깨우는 시간)을 다 같이 하고 다시 책상에서 기초 쓰기 연습(아이의 수준에 따라 글자를 쓰는 방법을 다르게 하여 글자 쓰기를 연습하는 시간)을 한다.
10:15-11:00	화장실을 다녀오고 손을 씻고 간식을 먹고 쉬는 시간을 보낸다.

11:00-12:20	점심 전까지 요일별로 다르게 돌아간다(음악, 도서관, 체육관 등). 기본적으로, 요일별 다른 시간을 끝내고 교실로 돌아와 점심 식사를 하기 전까지는 담임교사가 개별적으로 나눠 준 읽기, 쓰기, 셈하기를 책상에서 한다.
12:20-1:00	점심을 먹고 쉬는 시간을 갖는다.
1:00-2:20	요일별 다른 활동(음악, 드라마, 도서관, 체육관 등)을 한다.
2:20-3:15	과학/사회 또는 미술 수업을 한다.
3:15	하교한다.

개별적으로 매주 각 세션당 30분씩 학교에 소속된 전문 치료사를 통해 언어치료 Speech Therapy, 대근육 운동 전문치료(물리치료) Physio Therapy, 소근육 운동 전문치료(작업치료) Occupational Therapy, 음악치료 Music Therapy를 받는다.

시간표는 아이들 사진이 붙어 있는 큰 보드 판의 스케줄에 붙여진 그날의 일정에 따라 만들어진다. 아이들은 교실에 오면 바로 오늘의 스케줄을 보며 하루 할 일들을 미리 그려 본다. 매시간이 지나면 스케줄에 붙여진 각각의 사진 또는 그림을 "끝!"이라고 말하고 뒤집으며 다음 단계를 확인한다.

전환이 잘되는 여부에 따라 아이가 교실 루틴에 참여하는 정도는 다음과 같이 세 부류로 나뉜다.

1) 전환에 어려움이 없는 경우

담임교사가 세운 시간표를 그대로 수행하며 매 수업시간 안에 주어진 과제를 독립적으로 수행한다.

2) 전환에 어려움이 있는 경우

'먼저-다음판'을 사용하여 그림이나 사진을 붙여 주며 '먼저 △△, 다음 □□' 이렇게 루틴을 알려 준다. 보통은 몇 개의 루틴을 다 말해 주지 않고 하나가 끝나면 이어서 할 바로 다음 것만 알려 준다. 아이는 스케줄표를 보며 그다음 해야 할 것, 가야 할 곳을 예상한다. 할 수 있는 한 교실 시간표에 따른다. 가야 할 곳에 가기는 했지만 머물러야 하는 시간보다 빨리 벗어나려고 한다면 타이머를 이용하여 '2분 음악실, 다음에 놀이방(또는 아이가 가고 싶어 하는 장소)' 이렇게 다시 스케줄표를 수정해서 아이가 조금이라도 더 있어야 할 장소에 머물 수 있도록 하며 머무는 시간을 아이의 상황에 따라 조금씩 늘려간다.

3) 전환에 어려움이 많은 경우

아이가 교실의 시간표를 따르는 것이 어렵고 10초, 20초 단위로 자리 이탈이 계속되는 경우, 행동문제 전문가와 의논하여 아이만의 시간표를 만들어 그에 따른 루틴을 정한다. 같은 교실을 사용하더라도 교실 수업 내용과는 다르게 아이만의 개별 프로그램을 수행한다. 하지만 가능한 한 하루에 한두 번이라도 일반 교실 전체 활동에 참여할 수 있도록 노력한다.

개별 프로그램 수행하기의 예

활기가 넘쳐 1초도 한자리에 있을 수 없는 아이는 의사소통을 언어로 표현하지 못하고 Non Speaking, 말을 이해하는 정도도 낮다. 행동문제도 여러 가지가 있어 행동문제 전문가의 도움을 받고 있다. 교실에서 아이의 자리는 맨 뒤 소파와 책상 그리고 의자다. 아이는 소파에 누워 자신만의 방식으로 쉬는 시간을 갖고 바로 옆 책상에 앉아 도전행동 전문가로부터 주어진 책상과업을 반복한다. 일반적인 교실 시간표와는 상관없이 아이만의 교육과정을 가지고 일대일로 항상 함께하는 보조교사와 별도로 수업을 진행한다. 5가지 아이가 할 수 있는 과업을 순서를 정해 돌아가며 한다. 한 과정이 끝날 때마다 바로 쉰다. 하루에 두어 번 자연스럽게 교실 전체에서 이루어지는 수업에 잠깐씩 참여하지만(같은 문제지를 받아 보조교사의 도움을 받아 할 수 있는 문제만 하는 경우/활동 중심 수업에서 자리에서 일어나 잠깐 참여하는 경우) 아이의 주된 학교에서의 과업은 도전행동 중재 전문가(ABA에 따른 응용행동분석 전문가)와 담임선생님이 만든 아이의 개별 프로그램이다.

5가지 책상활동

아래 5가지 책상활동의 예는 책 후반부 응용행동분석 ABA과 연결된다. 아이의 5가지 활동은 도전행동 전문가의 계획으로 이루어진다. 활동이 끝날 때마다 벽에 붙어 있는 그래프에 동그라미/엑스를 기록하여 단번에 아이의 진행상황을 확인 가능하도록 한다. 2주에 한 번 전문가는 활동상황을 점검하고 내용을 바꾸어 준다.

① 트럼프 카드 맞추기(Matching)

교사는 3개의 트럼프 카드를 아이 앞 책상 위에 둔다. 아이의 왼쪽 손에 6장의 카드를 쥐어 주고 "같은 것끼리 맞추세요"만 얘기한다. 아이는 오른손으로 왼손에서 카드를 한 장씩 빼어내서 같은 숫자를 찾아 맞춘다.

② 같은 것끼리 맞추기(Matching)

교사는 3개의 접시에 3가지 색깔의 플라스틱 모형을 한 개씩 둔다(노랑, 빨강, 파랑). "같은 것끼리 맞추세요"만 얘기하며 여러 개의 플라스틱 모형을 준다. 아이는 플라스틱 모형의 색을 구분하여 같은 색 접시 위에 둔다.

③ 같은 동작 따라 하기(Motion Copy)

아이와 마주 보고 앉는다. 3가지 동작을 미리 생각해 두고서 무작위로 한 가지씩 동작을 먼저 보여 주고 "선생님 따라서 해 보자"라고 얘기하여 똑같이 따라 하게 한다.

- 귀를 손으로 막는 동작
- 머리를 톡톡 때리는 동작
- 배를 동그랗게 문지르는 동작

④ 추적하기(Trace)

컵 3개를 준비한다. 한 개 안에 장난감 모형(곰)을 하나 넣어 두고 천천히 컵을 움직여 위치를 바꾼다. "곰은 어디에 있지?"라고 말하면 아이는 위치가 바뀐 컵 속에서 곰 장난감을 찾는다.

⑤ 교사의 언어적 지시사항을 동작으로 하기

평소에 청각이 예민하여 귀가 아프다고 자주 말하고, 배탈이 자주 나서 배가 아프다는 표현을 해야 할 경우가 많은 아이여서 귀와 배를 목표로 잡고 언어적 지시를 준다.

- 귀를 두 손으로 덮으세요!
- 배를 문질러 보세요!

처음에는 교사의 동작을 따라 하며 배우고, 나중에는 교사의 음성 지시어만 듣고 귀와 배를 만질 수 있다.

모든 책상 과업에서 아이가 과업을 잘못 수행했을 경우, 아이의 손 위에 내 손을 얹어 즉시 바로 맞는 동작으로 정정해 준다. 그리고 매번 할 때마다 별을 붙여 주고 5개의 별이 모이면 놀이선택판에서 쉬는 시간 3분 동안 할 것을 고르게 한다.

운동회

오늘은 운동회 날이다. 아이는 힘든 하루를 보내고 있다. 늘 해오던 스케줄이 와장창 깨져서 화가 나고 불안하다. 교실 밖에서 들리는 음악과 신나는 웃음소리는 다른 세상이다. 엄마가 "오늘 예쁜 사진 많이 찍어 주세요~" 했는데, 불안해서 도서관으로 뛰어가고, 교실로 뛰어가고, 화장실로도 뛰어가며 늘 하던 오늘의 스케줄을 반복하여 말한다. 담임선생님과 의논 후 아이만 교실에 데리고 와 평상시 금요일에 했던 대로 글자 공부도 하고 셈하기도 하고 시간에 맞춰 화장실도 간다. 그제야 웃기 시작한다.

달라진 하루

방학을 앞두고 발표회가 있어서 일정이 변경되었다. 아이의 혼돈이 시작된다. 아침 운동 시간도 하지 않고 아침 공부 시간도 하지 않고 바로 쉬는 시간이 오자 더 이상 참을 수 없는 속상함으로 눈물을 떨어뜨리며 '아침 운동'만 언급한다.

새로운 스케줄표를 말해 주는 것도 소용이 없고, 가장 좋아하는 간식을 보여 주는 것도 효과가 없다. 울음소리는 점차 커

져가고 한 번도 본 적 없던 행동들이 나타나기 시작한다. 담임 선생님과 의논한 뒤 짧지만 일일 루틴을 초스피드로 빨리 다 지나가기로 한다. 늘 듣던 아침 운동 주제곡이 스피커에서 나오자 언제 그랬냐는 듯이 바로 노래에 맞춰 율동을 시작한다.

2장
프리맥 원리(Premack Principle)

교육학에서 '동기'는 매우 중요한 단어다. 모든 사람은 '동기'에 따라 움직인다. 이것을 하고 나면 얻어지는 성과, 그리고 '무엇을 위해'라는 목표와 목적이 동기다. 학습 역시 동기부여가 되지 않으면 시작할 수 없다. 동기를 이해하고 동기를 학습의 도구로 사용하는 것은 중요하다. 교실에서 하루에 백 번도 넘게 사용하는 것이 바로 동기를 활용하여 아이의 행동을 이끄는 프리맥 원리다.

동기를 뒤에 넣고, 해야 할 것을 앞에 넣는 것이 이 원리에 대한 간단한 설명이다. 이는 어렸을 때 "100점 맞으면 자전거 사줄게"라든지, "엄마 말 잘 들으면 산타 할아버지가 선물을 줄 거야"라는 것과는 다르다. '내가 이것을 하고 나면, 다음에는 이것을 할 수 있어'를 예상하게 해주는 루틴의 부분이며, '이것 먼저, 그다음에 이것'이라는 시간표, 스케줄과 연관된다.

앞에서 언급한 것과 같이 우리 아이들은 자신이 예상한 것에서 어긋나는 것에 아주 예민하다. 그렇기에 "먼저 △△ 하고 다음에 □□하자"로 사용되는 프리맥 원리는 그다음에 무엇을 할 것이라는 예상 안에서 움직임을 자연스럽게 할 수 있게 돕고, 내가 예상한 대로 하루가 움직인다는 안정감을 갖게 하며, 지금 당장 내가 하고 있는 것이 무엇인지를 알게 해준다.

태블릿 앱으로도 개발되어 있지만(이 앱은 "먼저 ○○을 하고 다음에 △△야"의 빈칸 부분을 사진과 글자로 넣을 수 있다. 다 한 후에는 '끝!'을 손가락으로 밀어 분명하게 확인을 해준다) 매일 교실현장에서 사용하는 것은 찍찍이(벨크로 테이프)로 사진이나 그림, 글씨를 붙이는 난을 만들어 사용하는 종이 반 장 사이즈의 작은 판이다. 종이 반 장 정도 사이즈의 코팅된 판은 두 칸으로 나누어져 있고, 첫 번째 칸 위에는 '먼저', 두 번째 칸 위에는 '다음'이 적혀 있어서 글자 아래에 작은 사진이나 그림, 글자를 붙여 사용한다. 다 끝났을 때는 '찍~' 하는 소리가 나게 사진을 떼어내며 명확하게 '끝'이라고 말해 준다.

아이가 생각보다 집중력이 약해 책상에서 자주 일어나려 한다면 교사는 두 가지 중 하나를 빨리 결정해야 한다. 첫 번째 가능성은, '아이의 집중 시간이 생각보다 짧구나. 다음에는 이것보다 짧게 주어야겠다'에 해당되는 경우다. "좋아, 여기까지. 잘했어, 끝! 그러니까 다음은 (   )야" 하며 '먼저-다음판'을 보여 준다. 두 번째는, '아이의 평소 집중도를 고려할 때 이만큼은 당연히 해야 하는데 너무 자리에서 빨리 떠나려 한다'에 해당되는 경우다. 그렇다면 '먼저-다음판'의 내용을 수정하지 않고 다시 보여 주며 간단하고 짧게 반복해서 말해 준다. "먼저 △△, 다음 □□." 이때, 아이에게 설명조나 대화체로 말하지 않도록 한다. 아주 단순하고 단호하게 "먼저 △△, 다음 □□"을 '먼저-다음판'을 보여 주며 반복해 준다. 학교에서 실제로 하루 중에 사용한 예를 보면 다음과 같다.

"캘린더 먼저 그리고 쓰기", "쓰기 먼저 그리고 간식", "도서관 먼저 그리고 집". 이 모든 내용에서는 아이의 수준에 맞는 사진이나 그림, 단어를 사용한다.

아이가 실체와 똑같은 모습만 이해한다면 사진(도서관 사진, 화장실 사진, 교실 사진, 책상 사진 등)을 활용하고, 아이가 약식으로 간단히 그려진 그림을 이해한다면 그림과 심볼을 활용하고, 아이가 그림이 아닌 글자를 읽고 이해하는 수준이라면 '도서관'이라고 적힌 단어를 뜯었다 붙였다 하도록 한다.

어떻게 한 거야?

1년의 반 이상은 실습생과 함께한다. 힌 실습생이 아이와 한찬 씨름을 하다가 나와 눈이 마주쳤다. 책상에서 같은 것을 찾아 붙이는 것을 끝내야 하는데 아이가 생각보다 빨리 자리에서 일어선다. 온갖 말로 설득해 보고, 아이를 따라가며 끌어와 억지로 앉혀 보지만 소용이 없다. 그 눈빛이 '어떻게 하면 좋아?'로 이해되어서 '먼저-다음판'을 갖고 가 세 번 낮은 목소리로 천천히 읽어 주며 자리에 앉혀 할 일을 끝내도록 했다. "어떻게 한 거예요?"라는 질문에 '먼저-다음판'만 보여 주었다. 간단하지만 교실에서 가장 많이 사용하는 방법이다.

응가 먼저 그리고 블루베리

도서관으로 이동할 때도 사용하고(장소의 이동), 책상에서 공부할 때도 사용하는(해야 할 일을 바꾸는 것) 프리맥 원리는 화장실 훈련에도 사용된다. 쉬 훈련이 다 되어갈 무렵 응가 훈련도 자연스럽게 시작한다. 응가가 마려워 화장실에 가고 그곳에서 응가를 한다는 것이 우리 아이들에게는 어려운 과정이다. 이때 아이가 좋아하는 블루베리 한 알(매일 점심으로 갖고 오는 간식 중 한 가지)을 사용한다(딱 한 알, 이 딱 한 알이 중요하다. '다음' 부분에 사용되는 보상은 작은 것 하나면 충분하다). 아이가 응가를 하고 싶어 하는 때를 기다렸다가 이용한다. '응가 먼저 그리고 블루베리'. 화장실로 가면서도 '먼저-다음판'을 보여 주며 세 번은 천천히 읽어 주고(긴 문장으로가 아니라 위에서 제시한 것처럼 단순하고 간단한 단어 반복이면 된다) 성공하자마자 "야호!"를 외치고 박수를 쳐주며 환한 얼굴로 블루베리 한 알을 준다(아이가 좋아하는 강화물을 찾아내는 것은 중요하다. 설탕이 들어가지 않은 건강한 것이면 좋은데 내가 사용하는 것은 건조 망고 반 조각, 천연 과일로 만든 젤리를 가위로 자른 반 조각 등이다. 이때 차별화도 중요한데, 화장실 훈련에 사용하는 강화물은 다른 곳에서는 사용하지 않는다).

1분에도 여러 번 확인하는 '다음'

아이: "다음은?"
나: "글쓰기하고 간식 먹지~"
아이: "다음은?"
나: "간식 먹고 운동장에 가지~"

이 시간 이후에 무엇을 하는지 확인하고 또 확인한다. 1분 동안에도 여러 번 그렇게 내 손을 꼭 잡고서 온종일 "다음은?" 하고 묻는다. 그렇게 '먼저-다음판'을 확인하고 또 확인하며 하루가 지난다. 하루의 일과가 스케줄 안에서 자신의 예상대로 갈 때 마음이 안정되는 아이다.

3장
중재(Intervention)/촉진(Prompt)

일반교육학에서는 자주 언급되지 않지만 특수교육학에서 중요하게 자주 사용되는 단어로 '중재'가 있다.

특수교육의 여러 가지 정의 중 한 가지인 '중재Intervention로서의 특수교육'을 이해하는 것은 중요하다. 왜냐하면 특수교육을 하는 목표 중 하나가 아이가 갖고 있는 어려움을 줄여 주어 불편함이 덜 하도록 돕고, 이를 위해 물리적으로 필요한 부분들(보완대체의사소통 도구, 소프트웨어를 활용한 의사소통 방법, 여러 가지 지원 도구들과 부속품들)을 지원해 주는 것이기 때문이다. 이를 '중재로서의 특수교육'이라고 한다. 그리고 이 정의가 일반적인 교육학에서 말하는 교육에 대한 정의와 가장 차별성 있는 특수교육의 정의라 할 수 있다.

아이가 갖고 있는 어려움을 줄여나가는 방법, 점차 일반적이고 자연스러운 모습을 찾아가는 방법으로 학교 현장에서 가장 많이 사용하는 것은 '촉진Prompt'을 줄여나가는 것이다. 쉽게 설명하자면 도움의 정도를 줄여나가서 결국 아이 혼자 수행할 수 있도록 하는 것, 또는 가장 일반적이고 자연스러운 방법을 찾아가도록 하는 것이다. 매일 기록지에 아이의 수행 정도와 결과를 적어나갈 때, 복도에서도 늘 마주치는 치료사들과 대화할 때, 담임교사와 아이에 대한 이야기를 나눌 때 늘 자연스럽게 사용하는 말은 "어떤 레벨의 촉진을 적용했니?", "나는 이런 정도의 촉진을 사용했어", "이제는 촉진을 이 정도 레벨로 줄여나가도 좋을 것 같아"와 같은 것들이다.

쉽게 설명하자면 도움이 늘어갈수록 촉진 단계가 올라가는 것이고, 도움을 적게 주어 가능한 한 스스로 하게끔 해나가는 것이 촉진 단계 0에 가까워지는 것이다. 이것을 하는 궁극적인 목적은 아이의 '독립적인 수행'에 있다. 점차 촉진 단계를 줄여나가면서 아이가 스스로 할 수 있도록 하는 것이 목표이다.

이 책에서는 도움 10은 촉진Prompt의 정도가 높은 것이고 숫자가 낮을수록 독립적인 모습에 가까워지는 것으로 표현한다(숫자의 정도는 교사 또는 부모가 생각하기 편한 것으로 정하면 된다. 1-5로 정해도 되고 1-10으로 정해도 된다).

모든 아이들을 향한 공통된 목표는 점차 도움의 수준을 낮추어 감으로 아이들이 결국 혼자서도 할 수 있게 만드는 것이다. 많은 특수교육 교수법에서 촉진 및 교사 개입의 수준을 각 연구자의 방법으로 소개하고 있으나, 현장에서 내가 사용할 때는 내용을 숙지한 후, 나만의 높낮이 단계를 설정하여 아이들에게 다가가면 된다. 즉 '지금 하고 있는 단계의 다음 단계에서는 어떻게 도움을 덜 주며 혼자 하는 부분을 늘릴까'를 고민하면 되는 것이다.

다음은 내가 매일 아이들과 함께하는 모습을 3가지 촉진 단계로 만든 것이다.

1) 글쓰기 지도

도움 10

교사가 아이의 손 위에 손을 얹어서 글자 쓰기를 연습한다. 아이의 수준에 따라 모래 위에, 플레이도우 위에, 쿠킹 판 위에 밀가루를 뿌려서 각각의 방법을 통해 손가락으로 글자 쓰기를 시작한다. 두꺼운 하드보드지에 홈을 파 글씨를 만들어 아이가 크레용으로 홈 안을 색칠만 하면 글씨가 되도록 하는 단계도 여기에 해당한다. 아이가 무엇인가를 잡을 수 있다면 계란 모양으로 생긴 큰 크레용을 사용한다. 무엇이든 교사의 직접적이고 물리적인 도움(손을 잡는 것)이 있다면 촉진의 정도가 높은 단계이다.

도움 5

'손 위에 손hand over hand' 단계가 끝난 후 도움 5에서는 팔꿈치 끝을 살짝 들어주어 팔을 지지해 주는 모습으로 간다. 손가락으로 글자 모양을 따라 쓰거나, 밀가루 판 위에 글을 쓰는 단계를 지나 아이가 펜을 잡을 수 있을 정도가 되면 이 단계에서는 아이에게 적절한 펜을 골라 주고 사용하게 한다. 처음에는 펜을 잡은 아이의 손 위에 손을 잡고 시작하다가 점차적으로 도움의 정도를 낮추어 간다.

도움 3
아이가 주어진 글쓰기 책에 연하게 표시된 선을 보고 그 선을 따라 혼자서 선 긋기, 원 그리기, 선을 따라 글자 쓰기Trace를 할 수 있다. 교사는 최소한의 도움을 주어 아이가 끝까지 완수할 수 있도록 한다.

2) 글쓰기 지도에 사용하는 다양한 필기구

교수 방법뿐 아니라 아이가 학습에 사용하는 도구(펜, 책상, 의자)들도 일반적인 모습에서 얼마나 수정되었나를 가지고 단계를 구분할 수 있다.

도움 10
어떤 것을 움켜쥐기가 가능한 경우, 처음 시도해 볼 수 있는 크레용은 계란 모양의 동그란 타원형 크레용이다.

도움 5

소근육이 조금 더 발달되어 두툼한 막대기를 쥐는 것이 가능한 경우, 삼각뿔 모양의 한 면의 너비가 2센티미터씩 되는 두툼한 펜으로 바꾸어 본다. 꼭 삼각뿔 모양이 아니어도 일반 펜이나 크레용보다는 두꺼운 매직 사이즈 정도의 화이트보드 펜이나 이와 유사한 두툼한 펜으로 바꿔 본다.

도움 3

크레용, 펜, 연필 등 일반적으로 사용하는 쓰기 도구를 그대로 사용한다.

3) 시각적 지원(Visual Supports/Aids)

우리 아이들에게 시각적 지원은 매우 중요하다. 귀로 듣거나 글자를 읽어서 정보를 이해하는 것보다 한 번 본 사진이나 그림으로 더 쉽고 빠르게 이해하는 경우가 많기 때문이다. 모든 아이들에게 해당하는 것은 아니지만 많은 경우 우리 아이들은 '그림과 사진'으로 사물을 기억하고 이해하는 능력이 발달되어 있다. 말을 할 수 있는 아이들과 대화를 하거나 가르칠 때도 사진과 그림이 많이 사용되며, 말하기가 어려운 아동의 경우는 아이패드 AAC 프로그램Augmentative/Alternative Communication Program을 통해 그림을 터치하며 대화할 수 있다. 그러다 보니 대화를 위해 필요한 수많은 그림과 사진들을 프린트하고 코팅하여 사용하게 된다. 기본적으로 꼭 필요하고 매시간 여러 번 사용하는 그림 리스트는 다음과 같다.

> 화장실, 브레이크(쉬는 시간), 브레이크(쉬는 시간)와 관련된 아이가 좋아하는 놀이, 학교의 여러 장소(도서관, 음악실, 체육관, 복도, 교실), 시간별 교과 이름(국어, 수학, 과학, 사회, 음악, 미술, 체육), 점심, 책상, 소파, 모든 선생님들 사진, 물, 컴퓨터

'먼저-다음판', 시간표, 아이들이 좋아하는 것을 선택하는 놀이선택판(아이들이 좋아하는 놀이를 5가지 정도 붙여 주어 자신이 할 일을 다한 후 쉬는 활동으로 무엇을 할지 스스로 선택하게 한다), 화장실을 가고 싶을 때 손가락으로 표시하는 그림, 아이의 상황에 맞추어 제작하는 상황 이야기Social Story와 의사소통판 등 모든 것에 사진, 그림, 글자를 출력한 시각적 지원을 이용한다. 이런 이유로 현장에서 특수교사가 매일 많은 시간을 들여서 하는 일 중 하나가 컬러로 프린트하고 코팅하고 자르고 벨크로 테이프를 붙이는 것이다.

도움 10
실제 모양과 똑같은 사진을 준비한다.
   예) 화장실 사진, 도서관 사진, 교실 사진, 복도 사진, 책상 사진, 엄마 사진, 모래상자 사진, 플레이도우 사진, 블록 사진, 유모차 사진 등

도움 5

그림의 상징적인 의미를 이해하는 경우 의사소통 보조도구용으로 만들어진 소프트웨어의 그림을 사용한다(대부분 같은 회사의 소프트웨어를 통해 프린트하여 사용하기 때문에 이 그림들은 어느 곳에서나 비슷하다).

도움 3

글자를 이해하고 읽을 수 있는 경우는 시간표 및 각종 스케줄표에 크게 확대하여 프린트한 단어를 사용한다.

  예) 도서관이면 '도서관', 체육관이면 '체육관'

4) 의자

몸을 정자세로 가만히 있는 것이 어려운 우리 아이들의 책상 시간을 늘리기 위해 교실에서는 다양한 모습의 의자를 사용한다.

도움 10

소파처럼 완전 안락한 의자, BEAN BAG(안에 콩이 가득 들어서 앉는 모습에 따라 모양이 변하는 의자), 그네처럼 생겨서 좌우로 왔다 갔다 하며 앉을 수 있는 의자, 동그란 방석 모양으로 생긴 공기가 들어간 두툼한 패드(의자 위에 올려놓아 아이가 패드 위에 앉게 되었을 때 엉덩이가 살짝 위아래, 좌우로 움직이는 느낌을

주어 딱딱한 의자보다 몸을 계속 움직이면서 더 오래 앉아 있을 수 있게 도와준다)

도움 5

의자의 모습은 갖고 있지만 바닥이 둥글게 생겨서(오뚝이 아래 모양처럼) 움직이는 의자, 요가 볼을 올려놓는 받침대(요가 볼이 굴러가지 않도록 꽂아두는 받침대)가 있어서 요가 볼 위에 앉을 수 있는 요가 볼 의자, 회전의자, 양쪽에 벽이 있어서 아이가 좀 끼는 느낌으로 앉게 만들어진 의자

도움 3

일반적인 의자

5) 교실에 들어오는 절차

새 학기 때 처음 교실에 오자마자 해야 하는 첫 번째 루틴으로 자기 가방과 외투를 자기 수납장 안에 넣는 것을 연습한다.

도움 10

인사와 함께 "박스 안에 넣자!"하며 함께 가서 손을 잡고 지퍼를 내리고 옷을 벗고 같이 수납장 안에 옷과 가방을 넣는다. 이때 3가지 그림이 그려진 단계를 보여 주며 순차적으로 할 수 있도록 돕는다(① 가방을 박스에 넣는다. ② 옷을 벗는다. ③

옷을 건다).

도움 5
언어적 지시만으로 자기 옷과 가방을 수납장에 넣게 하거나, 교사가 손짓으로 조금 도움을 준다.

도움 3
아이가 스스로 수납장에 옷과 가방을 잘 넣는다.

6) 종류별로 나누기

아이들이 책상에서 하는 과업 중 많은 부분을 차지하는 것이 '같은 것 찾기/짝 맞추기Matching/Sorting out'다. 같은 것을 찾아가는 것의 연장선에서 같은 글자를 찾게 되고, 같은 숫자를 찾게 되고 더 나아가 읽기, 셈하기가 가능해지기 때문이다. 일상생활에서는 같은 양말을 찾고, 같은 종류의 바지를 바지 칸에 넣을 수 있는 자립 기술과도 연결된다. 일반 교육과정의 내용 대부분을 '맞추기Matching'로 쉽게 수정할 수 있어서 선생님이나 엄마가 시작할 수 있는 학습의 첫 단계다. 종류별로 나누기를 해볼 수 있는 예는 다음과 같다.

> 같은 글자 찾기, 같은 그림 찾기, 같은 모양의 그림자 찾기, 같은 것끼리 묶기, 동물들을 농장에서 볼 수 있는 동물과 동물원에서

볼 수 있는 동물로 나누기, 장난감을 과일/옷/자동차 세 가지 그룹으로 나누기, 재활용 물건들 나누기, 컬러사진과 흑백사진을 같은 모양으로 찾기, 계절별로 입는 옷 나누기, 집안에서 사용하는 물건을 장소에 따라 나누기(화장실 용품, 부엌 용품 등), 색깔로 나누기, 숫자를 보고 숫자에 맞게 블록 올려놓기

도움 10
아이의 손 위에 선생님의 손을 얹어 설명을 하면서 아이와 함께 문제를 수행한다.

도움 5
선생님은 손가락으로 지시하거나 말로 단서를 주기만 하고 아이가 대부분의 문제를 수행한다.

도움 3
선생님의 도움 없이 아이 혼자 문제를 수행한다.

저금통에 동전 넣기

내가 일하는 곳은 사립 특수학교다. 이곳에서는 작업치료사(소근육 담당 전문가)Occupational Therapist, 물리치료사(대근육 담당 전문가)Physio Therapist, 언어치료사Speech Therapist, 음악치료사Music Therapist, 상담 전문가Counseller 이렇게 많은 전문가와 함께 일한

다. 1주일에 30분씩 각 전문가들과 수업을 갖는 우리 아이들은 치료사로부터 받아오는 숙제가 있다. 매일 반복 연습해야 하는 숙제들이다. 내가 맡은 아이는 소근육이 덜 발달되어 있어 weak muscle tone 운동을 통해 계속 근육의 힘을 키워 주어야 한다. 움켜쥐기(대근육 사용)는 잘하지만, 손가락의 힘을 이용하여(소근육 사용) 집어 올리기는 어렵다. 그래서 요즘 하는 것 중 하나가(할 내용은 자주 바뀐다) 여러 크기의 동전을 엄지와 집게손가락만을 이용하여 집어 올려 돼지 저금통에 넣는 것이다.

처음에는 내 손으로 엄지와 집게손가락을 제외한 나머지 손가락을 잡아 주고 같이 힘을 주어 동전을 집는다. 이것을 잘하게 되자 작업치료사 선생님은 촉진을 한 단계 낮게 할 것을 요청한다. 살짝 손목 부분만 잡아 주기, 그다음은 팔꿈치 잡아 주기, 그다음은 혼자서 해보기. 지금은 오른손은 혼자서도 잘해서 왼손을 처음부터 연습 중이다.

4장
화를 내는 것

다른 사람은 느끼지 못하는 사소한 것일지라도 변화에 대한 불안감이 높고, 감각이 예민하여 주변에서 오는 모든 것들이 불편한 아이들 중에는 화를 쉽게 표현하는 아이도 있다. 화를 내게 하는 기저가 너무 빨리 이루어져서 화가 점점 달아오르는 과정 없이 가스통이 폭발하는 것처럼 바로 극대치로 표현되기도 한다. 그리고 대부분의 사람들이 그러하듯 일단 극대로 화가 난 상태에서는 아이와의 대화가 불가능하다. 즉시, 아무 사전 암시Trigger 없이 물건을 던지고, 물고, 소리를 지르고, 발로 차고, 부수고, 펀치를 날리고, 때로는 사기 머리를 세게 벽이나 바닥에 계속 치고, 욕을 퍼부을 수도 있다. 머리카락부터 발끝까지 온몸으로 화가 극대치에 이르렀음을 표현한다. 화가 너무 나서 그 이유를 지금 이 순간은 설명할 수가 없다. 사실 교실 현장에서 가장 다루기 어려운 상황이 바로 아이가 화가 났을 때, 그리고 화가 멈추지 않고 지속될 때다. 화를 잠

재우는 것은 100명에게 1000가지 이상의 방법이 있을 것이기에 모든 방법을 설명할 수는 없지만, 그래도 현장에서 지키는 몇 가지 팁이 있어서 나누어 본다.

1) 안전이 먼저
아이가 화가 났을 때, 그것도 화가 많이 났을 때, 가장 먼저 생각해야 하는 것은 '모두의 안전'이다.

하루 중 교실에서 여러 번 사용하는 또 하나의 말은 "충분한 거리를 유지해 주세요!Keep distance!"이다. 내가 안전을 느낄 수 있는 공간 안으로 익숙하지 않은 것들이 불쑥 들어오는 것을 우리 아이들은 공격받는 것으로 생각한다. 모두의 안전을 위해 충분히 화를 낼 수 있게 안전한 공간을 만들어 주자.

만약 아이가 이동이 가능하다면 학교 내, 또는 가정 내 조용하고 어두컴컴한 공간으로 이동케 하자. 만약 아이가 너무 화가 나 있어서 이동이 불가능한 상태라면, 주변에 부딪힐 만한 물건들을 신속히 치워 주고, 주변 아이들에게는 "○○가 지금 혼자 있을 곳이 필요해. 조금 있으면 괜찮아져. 잠시 운동장에 나가 10분만 놀고 올까?" 또는 "우리 ○○가 좀 편안해질 때까지 조용히 가까이 가지 말고 기다려 줄까?"라고 이야기를 해준 뒤 아이를 혼자 있게 한다(물론 관찰할 수 있는 선생님과 함께). 누구든지 보면 성큼성큼 다가가는 아이에게는 "모든 사람에게는 거리가 필요해. 너무 가까이 가지 말자"라고 이야기해 주고, 거꾸로 누구든지 가까이 다가오는 것을 경계하는 아이에게는 "저는 공간이 필요해요. 조금 멀리 있어 주세요"라고 말하는 방법을 가르쳐 주기도 한다. 우리 아이들에게 '거리'는 중요하다.

아이가 완전히 화가 나 있는 상태인가? 말하지 마라. 말을 걸 시도도 하지 마라. 이유를 찾지도 마라. 폭풍이 지나가기를 조용히 기다려 주어라. 왜냐하면 지금 이 아이는 어떤 것을 들을 수도 이해할 수도 없는 상태이기 때문이다.

2) 낮은 목소리, 중립적인 표정, 2차 폭풍이 없도록!

2차 폭풍이라는 것이 있다. 예를 들어, 아이가 '실수로' 또는 '일부러' 자동차가 가득 든 박스를 쏟았다. 쾅 소리가 나며 쏟아졌기 때문에 모든 사람들의 시선은 아이를 향하게 된다. 실수로 쏟았어도, 화가 나서 쏟았어도, 아니면 집중 받기 위해 쏟았어도 자기가 했던 어떤 일로 인하여 주변 상황이 '바뀌고 있음' 또는 분위기가 '변하였음'을 느끼게 될 때 아이는 이전에 화가 난 것보다 더 화를 낼 수도 있다. 이런 때 교사가 보여야 할 태도는 차분함이다. 감정이 드러나지 않는 목소리와 중립적인 얼굴이 필요하다. 깜짝 놀라서 "어머!" 소리를 지르거나, 지금 바로 잘못을 알려 줘야 된다는 생각에 언성을 높이거나, 얼굴 표정이 바뀔 때 아이는 이전보다 더 화를 낼 수 있다. 왜냐하면 자신이 무엇인가를 잘못했다는 생각에 수치심과 창피함을 느끼게 되면서 화가 더 나기 때문이다.

3) 분노를 표현하기 전 휴식 시간을 자주 갖게 함

복도나 운동장에는 수업시간 중인데도 항상 보조교사와 함께 걸어 다니는 학생들이 있다. 해야 할 일을 한 뒤에 갖는 '몸의 긴장을 풀어 주는 시간Body Break'이다. 2층 계단 안쪽으로는 복싱 선수들이 연습할 때 쓰는 펀치용 모래주머니가 달려 있고, 각 층 복도 끝에는 런닝 머신이 있다. 교실에는 한쪽 벽에 매트를 붙여놔서 뻥뻥 발로 찰 수 있는 공간이 있다. 스트레스가 밖으로 표출되지 않아 분노로 나타나는 것이라면 몸을 움직이는 시간을 '규칙적'으로 정하여 스트레스를 미리 바깥으로 발산할 수 있게 하는 것도 방법이다. 아이가 놀이 시간이나 쉬는 시간을 규칙적으로 갖기 원한다면 '먼저-다음판'의 먼저 부분에 해야 할 과제를 붙이고, 나중 부분에 몸을 움직일 수 있는 '쉬는 시간Break'을 붙여 준다. 아이가 블록 쌓기를 하거나 컵 쌓기를 하는 목표는 (모든 경우는 아니다. 어떤 아이들은 가능한 한 길게, 높게 연결하기를 목표로 한다) '팍!' 하고 무너질 때 느껴지는 해소감, 시원함에 있다. 모래놀이, 물놀이를 자주 하면 좋은 이유도 형태가 끊임없이 원래의 상태로 돌아가는 재질의 모래와 물을 갖고 놀며 공격성을 발산시킬 수 있기 때문이다. 공격성을 발산시켜 줄 수 있는 놀이도구들을 규칙적으로 사용하는 것도 방법이 될 수 있다.

4) 조용한 공간에 머물게 함

아이가 주변에서 오는 수많은 자극으로 인하여 모든 감각기관들이 각성화되어 초예민해진 상태로 스트레스를 받는 것이라면 위와 반대로 조용하고 어두운 공간에서 쉬는 시간을 갖는 것을 규칙적으로 정하여 넣을 수 있다.

5) 반드시 도움을 요청함

아이가 키가 작든 크든, 몸무게가 무겁든 가볍든 상관없이 극도로 화가 나 있을 경우에는 반드시 혼자 대치상태로 있지 않도록 한다. 반드시 주변 사람에게 함께 있어 줄 것을 요청하고 서로 같은 상황을 관찰하고 있음을 확인할 수 있도록 대화를 통해 의견을 나누도록 한다.

6) 분노의 정도를 눈으로 볼 수 있도록 표시한 시각적 자료를 이용함

병원에서 자주 묻는 표현이 있다. "머리가 아픈 것을 1에서 10 사이 어느 정도로 표현할 수 있어요?"이다. "많이 아파요"라고 말하면 어느 정도인지 갸우뚱하게 되지만 숫자로 표현을 하게 되면 말하는 사람도 자신의 아픈 정도를 객관적으로 생각할 수 있고, 듣는 사람도 '많이'라는 표현보다는 정확한 정보를 얻을 수 있다. '화가 나다'라는 표현도 마찬가지다. 화가 나는 정도를 색깔로 표현한 표도 있고(초록, 주황, 빨강), 숫자로 표현한 표도 찾을 수 있다. 말로 표현하기가 어려운 우리 아이들에게 시각적 지원은 매우 중요하다. 화가 난 정도를 표현하는 그림이나 숫자를 교실 벽에 붙여 두어 아이가 얼마나 화가 나는지를 스스로 표현하게 하거나 설명할 때 도움을 받을 수 있다.

7) 화가 날 때 어떻게 하면 좋은지 상황 이야기 Social Story 를 만들어 읽게 함

아이에게 가르쳐 주고 알려 주고 싶은 내용을 짧은 이야기로 만들어 읽어 주는 것이다. 이때 아이가 주인공(나)이 되게 하여 그림이나 사진을 넣어 주고, 화날 때 아이가 할 수 있는 구체적인 행동들도 함께 넣어 준다.

> 나는 (   ) 때 화가 나요.
> 화가 나는 것은 나쁜 게 아니에요.
> 누구나 화가 날 수 있어요.
> 화가 날 때 나는 선생님한테 이야기할 수 있어요.
> 숨을 천천히 들이마시고 내쉬기를 열 번 할 수 있어요.
> 혼자 조용한 곳에 가서 있을 수 있어요.
> 하지만, 때리거나 던지거나 소리를 지르지 않아요.

8) 무시-재지도

내가 전공한 특수교육은 나의 두 아이를 양육할 때도 내게 큰 도움이 되었다. 아이들을 키우는 포인트마다 배운 지식을 기억해 내고 적용한 것들이 많지만 그중에서도 '무시-재지도' 방법을 잘 사용하였다. 만약 아이가 화를 낼 때 물건을 던지고 소리를 지르는 도전행동의 목적이 주변의 주의(관심)Attention를 받는 것이라면 무시Ignorance가 도움이 된다. 실제로 교실에서도 아이의 어떤 행동을 감소시켜야 할 때 교사끼리 서로 재빨리 눈을 마주치기도 하는데, 그것은 '마치 이 일이 없던 것처럼 하던 일 계속하자'라는 뜻이다. 내가 하는 행동이 어떤 의미로도 전달되지 않음을 알게 될 때, 내가 화가 나서 하는 이 행동이 지금 교실의 상황을 바꾸는 것에 아무런 영향을 미치지 못함을 알게 될 때, 그 행동은 줄어든다.

그리고 아이가 차분한 상태가 되면 교사는 '재지도'의 시간을 통해 아이에게 하고 싶은 얘기를 한다. 무시라는 것은 아이의 인격을 무시하는 것이 아님을 명심해야 한다. 아이의 도전행동이 아무런 영향력이 없다는 것을 알려 주는 것이 목표이기에 아이의 도전행동이 일어나지 않은 것처럼 교사가 하고 있던 것을 계속하는 것이 포인트다. 사실, 이 '무시-재지도' 방법을 실행하게 되면 처음 며칠간은 이전보다 도전행동의 빈도수가 배로 확 늘어날 수도 있다.

장난감 가게에서 좋아하는 장난감을 사달라고 떼쓰는 아들을 상상해 보자. 이미 안 된다는 것을 사전에 조용히 알아듣게 설명한 상황에서 엄마가 그 행동을 무시하면 아이는 이전보다 더 땅을 구르면서 소리를 지르며 최고의 떼쓰기에 돌입한다. 이때 엄마는 마음을 굳게 먹어야 한다. 이처럼 '무시-재지도' 방법을 사용할 때 일시적으로 도전행동이 이전보다 더 늘어나는 경우가 발생하더라도 마음을 굳게 먹어야 함을 잊지 말아야 한다.

아무 소리도 못 들은 것처럼 계속 설교해 주세요

2000년 논문을 끝내고 졸업을 앞둔 어느 날, 한 선배로부터 연락을 받았다. 교회 내 장애 학생들을 위한 사랑부에서 일반 학생 부서로 옮겨가고 싶은 학생이 있는데 도움을 부탁한다는 내용이었다. 그렇게 특수학교를 다니는 중2의 키 큰 아이를 만나 사랑부 선생님으로부터 아이에 대한 여러 가지 이야기를 들었다. 그리고 목사님에게 한 가지 부탁을 드렸다. "목사님, 아이가 예배 중 적어도 두 달 동안은 한 번씩 갑자기 일어나 소리를 '악!' 하고 지를 수 있어요. 하지만 아무 소리도 못 들은 것처럼 계속 설교를 해주신다면 다른 아이들도 동요 없이 예배를 계속할 수 있고, 아이도 적응해 갈 수 있을 거예요." 감사하게도 두 달이 아니라 2주 만에 소리 지르는 모습 없이 예배에 잘 참여할 수 있게 되었다.

못 들은 것처럼 하자~ 할 수 있지?

정확한 원인 없이 나타나는 틱 장애는 어제까지 아무 문제 없었던 내 아이로 하여금 갑자기 일상생활이 어려울 만큼 심하게 달라진 모습을 보이게 만든다. 엄마에게는 큰 충격과 좌절감을 가져다줄 수밖에 없다. 이럴 때 교실에서 교사로서 도와줄 수 있는 가장 좋은 방법은 '무시'다. 새로운 일, 신나는 일, 기분이 너무 좋은 일을 통해 도파민 분비가 활성화되는 경향이 있기에(그래서 기분 전환으로 평소 하지 않았던 여행을 가거나 승마를 배우거나 하는 새로운 일을 한 날 증상이 더 심해지기도 한다) 매일의 루틴을 바꾸지 않고 반복해 가는 것이 중요하다.

한 아이가 오랫동안 기침 감기를 앓다가 '습관성 기침'을 지나 성대를 긁어내며 소리를 내는 '목청 가다듬기 틱'을 시작하게 되었다. 1분 동안에도 여러 번 목 긁는 소리를 내는데 그것은 오토바이 소리만큼이나 시끄러워 쳐다보지 않을 수가 없다. 이럴 때 아이가 교실에 없는 날 교실의 모든 아이들에게 이렇게 말해 준다. "얘들아, ○○가 시끄러운 소리를 자주 내는 거 알지? 그런데 우리가 쳐다보면 그 행농은 더 심해시거든. ○○가 어떤 소리를 내더라도 선생님 수업에만 집중해 보자. 그렇게 도와주자. 쉽지 않을 거야. 하지만 우리가 노와주면 ○○은 좋아질 수 있어."

5장
보상제도(강화)

"엄마가 아이를 꼭 안아 주는 것이 아이에게 어떤 비싼 물건을 주는 것보다 좋은 것이 되도록 하라."

배우고 이해한 것이 옳다고 생각되면 실행하는 편이기에 어느 책인지 기억이 나지 않지만 어디선가 읽은 이 한 줄은 나에게 영향을 주었다.

그 책은 보상을 통한 교육의 단점을 다루고 있었다. 보상은 때로는 엄마에게 요술봉이 된다. 처음 시도할 때 한동안은 생각보다 빨리, 쉽게 아이가 목표를 이루기 때문이다. 그래서 마법을 부리는 것처럼 '딱, 이것이야!' 하는 생각이 들기도 한다. 하지만 이 방법의 가장 큰 단점은 아이가 보상 없이는 어떤 것도 하지 않게 되어간다는 것이다. 세상에서 가장 큰 동기부여는 눈에 보이는 보상이 아니다. 내 마음을 가득 채우는 자존감, 효용감, 성취감이 어떤 물건으로 주어지는 보상보다 큰 의미가 있다. 최선을 다해 노력하며 도전할 때 스스로 깨닫게 되는 이 값진 보상을 느낄 기회를 빼앗아 버릴 수 있기에, 손에 잡히는 형태의 보상을 교육에 적용할 때는 매우 신중해야 한다. 자주 보상을 사용하는 것은 아이가 <u>스스로</u> 배울 때 느끼는 내적 성취감, 아이가 자기 주도로 이루었을 때 느끼는 효용감 등 값<u>으로</u> 설명할 수 없는 귀한 의미들을 배울 기회를 잃게 만든다. 두 아이를 키우며 아직 한 번도 사용하지 않았던 말이 "○○ 하면 △△ 해줄게"다.

그럼에도 불구하고, 현실적으로 하루에도 여러 번 교실에서 사용할 수밖에 없는 것이 보상이다. 앞에서의 언급처럼 보상도 동기부여의 방법 중 하나로 사용된다. 그러나 가장 좋은 것은 보상 없이도 자연스럽게 해야 할 일을 하는 것이기에 과도한 보상을 사용하는 것도 고려해 봐야 하고, 보상의 단위를 줄이고 없애나가며 결국 보상 없이 해야 할 것을 하도록 하는 계획도 반드시 세워야 한다.

강화와 강화물의 예

아이1
책상에서 해야 하는 5가지 과업(아이의 도전행동 지도교사인 BI교사Behavior Interventionist와 협의 하에 만들어진 교육과정)을 한다. 한 가지 과업이 끝나면 휴식을 갖고 다시 책상, 다시 휴식, 다시 책상, 이렇게 반복된 일과를 보낸다. 그중 한 세트를 소개하면,

3쌍의 같은 숫자의 트럼프 카드 맞추기다. 책상 위에 3개의 카드를 놓고 아이는 자기 손에 쥔 6장의 카드를 한 장씩 뽑아 같은 번호 위에 놓는다. 교사는 "같은 숫자를 찾아요!"라는 말만 반복한다. 카드를 다 맞추면 하나의 별을 벨크로 테이프를 이용하여 만든 판에 붙여 준다. 이렇게 4번을 더해 총 5개 세트를 끝내고 5개의 별을 모으면 좋아하는 유기농 과일 젤리 반쪽을 먹는다.

아이1의 경우 다섯 가지 과업 중 한 가지 과업이 끝날 때마다 유기농 과일 젤리를 먹지만 매번 한 개를(보통 한 개의 크기는 새끼손가락 손톱만 하다) 통째로 주면 하루에 젤리를 너무 많이 먹게 되어서 매일 아침 젤리 하나를 반으로 잘라 작은 크기의 젤리를 많이 준비한다. 강화물이란 아이가 좋아하는 것이면서 특정한 장소에서만 먹을 수 있는 것으로 한정해야 한다. 예를 들어 아이가 화장실 이용을 성공적으로 잘하였을 때 먹는 강화물은 블루베리 한 알이다. 책상 과업에서 먹는 유기농 젤리를 모든 장소에서 일반화하여 사용하는 것은 옳지 않다. 길게 오래 주어야 할 것을 고려한다면 유기농 간식 중에서 고를 것을 권한다.

아이2

아이는 학교에서 총 5개의 별을 받을 수 있다. 코팅으로 만든 빳빳한 판에 벨크로 테이프를 이용하여 5개의 별을 붙일 부분과 오늘의 목표를 적을 네모 칸을 만든다. 아침에 아빠가 학교에 내려 주며 약속을 하나 한다. "오늘 별 5개를 받으면 컵케이크 사 줄게." 그리고 네모 칸에 컵케이크를 적는다. 하루 전체를 통해 아이가 교사의 지시를 잘 따라 주었을 때는 별을 주고, 그렇지 않았을 때는 별을 뗀다. 아빠가 데리러 왔을 때 별이 5개면 오늘의 상을 받을 수 있다.

아이2의 경우 매일 아빠가 강화물을 정한다. 이때 아빠는 지킬 수 있는 것을 정하여야 하고, 동시에 아이가 좋아하는 것이어서 하루를 잘 지낼 동기부여가 되는 것을 고려하여야 한다. 중요한 것은, 별이 5개가 아닐 때는 지키지 말아야 하고, 별이 5개일 때는 지켜야 한다는 점이다. 아빠가 자주 사용하는 강화물은 아이가 좋아하는 쇼핑몰 가기, 좋아하는 자동차 판매점 가기, 코카콜라 50ml 마시기, 미니 도넛 1개 먹기 등이다.

6장
말 따라 하기

강의와 책을 통해 배운 단어 '상동언어', '혼잣말' 역시 현장에서 경험을 통해 더 확실하게 이해되는 부분이다. 이는 언어를 듣고 해독하는 수용언어 Perception Language와 표현하는 표현언어 Expression Language의 발달 부분과 연관된다.

언어는 소리를 듣거나 글자의 모양을 단순히 읽는 것을 넘어서 상황과 문맥 속에 나타나는 '의미'를 이해하는 것이다. 이 부분이 우리 아이들에게는 어렵다. 보통은 "이름이 뭐야?" 하고 물으면 '내 이름을 말해야 하는구나'라고 생각하며 "이나영"이라고 대답하지만 상동언어를 보이는 우리 아이들은 "이름이 뭐야?" 하고 물으면 그대로 "이름이 뭐야?"를 따라 한다. "포도? 딸기?"라고 물으면 둘 중 하나를 골라 한 개만 대답을 하는 게 일반적이지만 아이들은 앞에서 물어본 사람의 말투를 복사하듯 "포도? 딸기?" 하고 되묻는다. "무슨 색을 좋아해?" 하면 색 이름을 말하지 않고 "무슨 색을 좋아해?"를 다시 말한다. 마음에 드는 책을 여러 번 읽어 주다 보면 글씨를 읽는 건 아니지만 그림을 보고 마치 책 내용을 글 읽듯 이야기를 하는데, 읽어 주던 사람의 억양을 그대로 따라 할 때가 많다. 단어를 다른 말로 바꾸지 않고 그대로 똑같이 읽어나갈 때도 있다. "안녕하세요, 인사해야지"라고 하면 "안녕하세요~"만 하지 않고 "안녕하세요, 인사해야지"까지 똑같이 말한다. "둘 중 하나만 고르는 거야"라고 말하면 아까 제시해 준 포도랑 딸기 중에 하나를 고르지 않고 다시 이 말 그대로 "둘 중 하나만 고르는 거야"를 따라 한다. 글자를 소리 내어 읽고 말할 수 있지만 두 개 이상의 글자가 모여 만들어진 단어를 읽고 그 의미를 이해하는 부분은 또 다른 과정이 된다.

가끔은 언어의 높낮이로 이해하는 아이들도 있다. '화장실 갈 시간'을 얘기할 때 그냥 책 읽듯 하면 이해를 못하지만, 음률을 갖고 높낮이를 주어 노래하듯 얘기하면 높낮이를 기억하여 똑같이 밀하며 화장실로 가기도 한다. 비유니 은유는 외미를 하나하나 외워서 배워야 하며(마치 우리가 영어 숙어문장을 외우듯) 저질로 숨은 의미를 일아내기는 이렵다. 날씨가 변덕스러울 때 사용하는 '호랑이 시집가는 날'이란 표현을 아이들은 '호랑이 부부가 결혼식 하는 것'으로 이해한다. 언어가 갖고 있는 의미를 이해하는 방법이 다르기에 언어치료는 우리 아이들에게 매우 중요한 부분이며, 가능한 한 어린 시기에 시작해야 하는 중재이다. 앞부분에 자폐 범주성 장애아동은 어떤 것을 배우기 가장 좋은, 효과가 높게 나타나는 시기가 있다고 하였는데 언어치료 영역은 가능한 한 빨리 시작하는 것이 바람직하다.

주스! 우유!

과학 시간. 오늘은 물건을 만드는 재료에 대하여 배우는 날이다. 주변에서 발견할 수 있는 물건들 중에 플라스틱, 유리, 천으로 만들어져 있는 것을 분류하는 수업이다. 담임교사가 나누어 준 학습지에는 갖가지 물건들의 사진이 큼직큼직하게 나와 있다.

"이건 무엇으로 만들어졌지?"

"주스!"(주스가 종이팩에 들어 있어서 종이 칸에 붙이며 '종이'라고 대답해야 하지만 아이에게는 아무리 봐도 그냥 주스다)

"이 통은 무엇으로 만들었을까?"

"우유!"(플라스틱이 답인데 이건 아무리 봐도 우유다)

뒤엣것이 답

두 가지 중 한 가지 고르기를 어려워하는 아이가 오랜 연습을 통해 책상 앞에서 글자 공부를 하는 중에 말 전체를 따라 하지 않고 한 가지만 골라 대답하고 있다. 그런데 가만 보니 꼭 내가 말한 두 가지 중 뒤엣것만 말하고 있다. 이것을 그대로 이용하여 대문자와 소문자의 짝을 맞추는 시간에 이렇게 묻는다. (B

글자를 보여 주면서) "A야, B야?" "B!" "우와 맞았어~ 잘 찾네." 정확히 말하면 두 개 중에 B를 찾은 것이 아니라 내가 묻는 것 중에 뒤엣것을 아이는 말하는 것이다(아이의 말하는 패턴을 고려할 때). 하지만 반복하고 연습하다 보면 어느 날 글자를 익히게 된다. 아이의 이런 특징을 오히려 가르치는 방법에 이용하기도 한다.

Poke the bear!

담임선생님이 갑자기 내 앞에 서서 "Poke the bear!" 하더니 배를 콕 찌르며 웃는다. "어!" 하며 내 옷을 봤더니 옷에 곰이 그려져 있고 그 밑에 "Poke the bear"라고 적혀 있다. 아침에 딸아이 셔츠를 입고 나왔는데 이렇게 써 있었다니, 그제야 오전 내내 내 배를 콕콕 찔렀던 아이가 떠올랐다. '곰을 찔러'라고 적혀 있으니 그 문구를 읽고 그대로 내 배를 손가락으로 콕콕 찔렀나 보다.

오 마이 굿니스!

다른 반 교실에서 나는 말소리도, 내 귀에는 들리지 않는 말소리도 가끔 놀랄 만큼 정확하게 따라 할 때가 있다. 한번은 폭풍이 지나간 것처럼 유난히 힘든 오전이 지난 오후, 담임선생님이 본인도 모르게 작은 목소리로 계단을 오르며 "오 마이 굿니스Oh my goodness, 아휴~"라고 한 걸 한 발짝 뒤에 있던 아이가 의미로 파악한 것이 아니고 재미난 소리로 받아들인 채 확성기를 튼 것처럼 큰 소리로 억양과 목소리를 똑같이 따라하며 "오 마이 굿니스~ 아휴" 한다. 순간 담임선생님과 나는 눈이 마주쳐 엄청 큰 소리로 웃는다.

흑백사고구조(Black and White Thinking)

우리 아이들과 대화할 때 주의할 점 중 한 가지는 '아마도, 아무것이나, 이것도 좋고 저것도 좋은'을 예상하며 대화하지 않는 것이다. 모든 아이들이 그렇지는 않지만 어떤 아이들은 흑백사고구조Black and White Thinking를 갖고 있다. 이에 따라 좋아하는 것, 싫어하는 것이 명확하여 내가 좋아하는 사람, 싫어하는 사람이 있고, 내가 좋아하는 음식, 싫어하는 음식이 명확하며 사고방법에 융통성이 적다. 지시어도 둘 중 아무것이나 해도 다 괜찮은 것을 말하지 않는다. 질문도 모호한 대답을 예상하며 묻지 않는다. 책도 장난감도 사람도 'I hate…'와 'I like…'가 명확하다. 그 중간의 반 정도 싫고 반 정도 좋은 것은 없다. '네' 아니면 '아니오'가 있지 '네'이면서 '아니오'도 되는 것은 없다. 그렇기에 질문을 할 때도 '네/아니오'를 명확히 말할 수 있는 질문을 하는 것이 좋다. 융통성 있는 답을 예상하는 질문은 하지 않는다. 하지만 경우에 따라서는 아이의 뇌를 골고루 발달시키기 위한 목적(특히 뇌량 부분의 발달을 돕기 위해)으로 융통성 있는 대답하기를 훈련할 수도 있다. 아이가 두 가지를 다 원하는 상황에서 두 가지를 다 할 수도 있다는 대답을 주는 것이다. "나영아, 자장면 먹을까 짬뽕 먹을까?" "짬뽕!" "엄마는 자장면도 먹고 싶은데 넌 어때? 엄마가 짬뽕을 시키고 네가 자장면을 시켜서 같이 먹을까?" "나영아, 방학 때 호수에 갈까 산으로 갈까?" "모르겠어요." "나영이는 산도 좋고 호수도 좋지? 산에 갔다가 내려오는 길에 호수를 가자." "나영아, 캠핑 가는 거 어때? 우리 집 강아지도 가고 싶어 할까?" "강아지랑 집에 있을까, 좋아하는 캠핑을 갈까?" "강아지가 갈 수 있는 캠핑장을 알아보자."

안녕!

복도를 지나가며 많은 사람들을 만난다. 오늘도 드라마 선생님이 반갑게 "안녕 ○○아(아이 이름)" 하고 인사해 준다. 아이도 반갑게 하이 파이브 하며 말한다. "안녕 ○○아!"라고 똑같이 자기 이름을 넣어서.

7장
화장실 훈련

심리학이 이과와 문과의 특성을 모두 지닌 학문으로 알려져 있듯, 특수교육 또한 아이들의 행동 변화와 심리상태, 그리고 학문적인 진행과정을 모두 그래프화, 수치화하여 분석하고 연구한다는 점에서 이과적인 요소를 지닌 인문학이라 볼 수 있다. 그런데 재미난 것은 이 점이 학교 공부를 마친 뒤 현장에서도 동일하게 사용된다는 점이다. 많이 꼬집는 아이는 꼬집을 때마다 막대기를 그려 어느 시간, 어떤 환경에서 많이 꼬집는지 찾아볼 수 있고, 특정 단어에 대한 연습이 단기 목표인 아이는 단어를 사용할 때마다 표시하여 얼마만큼 일상생활에서 사용하였는지를 볼 수 있다. 아이의 의사소통이 어려운 상황에서 동기부여가 될 무엇인가를 찾아내는 것이 목표라면, 아이가 노는 방법을 시간대별로 적고 기록하여 무엇을 강화물로 사용할지 찾아볼 수 있다. 이처럼 반복되는 행동, 말, 놀이 등을 관찰하고 기록하여 수치화하는 것은 교실 현장에서 중요하다.

화장실 훈련의 시작도 역시 기록이다

우리 아이들에게 화장실 훈련은 매우 중요하다. 화장실 훈련이 되지 않을 경우 청소년이 되어서도 기저귀를 사용하는 경우가 있기에 시간이 걸리더라도 포기하지 않고 끝까지 화장실 훈련을 하는 것이 아이의 인생에서 중요하다. 내가 맡게 된 세 명의 아이들이 차례로 기저귀를 떼고 화장실 훈련이 성공하게 되어서 어쩌다 보니 엄마들 사이에 "나영 선생님이 맡으면 화장실 훈련은 끝나~"로 얘기된다는 말을 들은 적이 있다. "이렇게만 하면 돼요!" 하는 마술 같은 방법은 없지만 공통적으로 시도해 볼 수 있는 나의 방법을 나눠 본다.

1) 팬티형 기저귀 Pull up로 바꾸면서 기록 시작 / 엄마에게 필요한 물건 보내라고 얘기하기

먼저 화장실 훈련은 부모의 요구로 시작이 된다. 엄마 아빠가 원하는지를 먼저 알아보고, 가정에서 또는 집에서 아이가 화장실 훈련을 할 시기가 되었다고 여겨지는 행동을 하는지 알아본다. 천천히 시작해도 좋으니 너무 일찍 시작해서 몇 년째 화장실 훈련만 하는 경우가 발생하지 않도록 딱 시작하기 좋은 때(아이가 화장실에서 쉬, 응가를 하고 싶어 하는 때, 아이가 기저귀를 불편해하기 시작하는 때)를 고려한다. 이제 훈련을 시작하기로 정했다면 기저귀의 종류를 팬티형 기저귀 Pull up(바지처럼 입고 벗기는 기저귀)로 바꾼다. 보통의 기저귀와 차이점은 팬티형 기저귀는 기저귀 훈련을 목표로 만들어진 기저귀 레벨의 가장 마지막 단계로, 아기 때부터 사용하던 보통 기저귀보다 흡수율이 떨어져 축축한 느낌을 확실히 느끼게 한다. 그리고 집에는 지저분해진 속옷을 담아 집으로 보낼 여러 장의 비닐봉지, 갈아입힐 여러 장의 팬티, 일회용 장갑 세트, 물티슈 여러 상자, 화장실을 성공했을 때 강화물로 줄 수 있는 달달한 것 한 봉지를 보내 주실 것을 부탁한다. 화장실 훈련을 시작한다는 의미는 앞으로 여러 번 지저분해진 속옷을 집으로 보내야 하고, 아이를 여러 번 닦아 주어야 한다는 뜻이기에 일회용 장갑과 물티슈는 큰 도움이 된다. 그리고 해야 할 일은, 평상시 아이가 언제 쉬를 하고 응가를 하는지를 기록하는 것이다. 아이에게 일단 아무런 이야기를 하지 말고(화장실 훈련에 대하여 아직은 설명하지 말자) 3주일 정도, 한 시간 또는 한 시간 반에 한 번씩 기저귀 체크를 하여서 내 아이가 학교에서 지내는 시간 중에 어느 때에 쉬를 하는지, 응가를 하는지만 알 수 있도록 한다.

    표는 작성하는 나에게 편하게 만들어야 한다. 나는 보통 날짜와 시간을 적는 칸, 쉬 칸 한 줄, 응가 칸 한 줄 이렇게만 만들어서 동그라미로 표시하고 시간만 적는다. 이렇게 3주 정도를 적고 나면 두 가지를 알 수 있게 된다. 하나는 평균 쉬를 하는 간격(한 시간 반마다 또는 두 시간마다)이고, 또 하나는 응가를 하는 시간대. 대체로 응가는 큰 대사 작용이어서 시간대가 자주 변하지는 않는다.

2) 강화물 정하기

나는 세 아이 중 두 아이에게 강화물을 사용하였다. 이 부분은 필요한지 아닌지를 고려하여 정하길 바란다. 모든 경우에 강화물을 사용하여야 하는 건 아니다. 만약 강화물을 사용하기로 정하였다면 무엇을 강화물로 정할지 생각해야 한다. 우선 아이가 좋아하는 것, 쉽게 구해지는 것, 몸에 해롭지 않은 것, 무엇보다 화장실 훈련에만 사용할 것이어야 한다. 두 아이의 강화물이 모두 달랐는데, 하나는 블루베리 한 알이었고, 다른 것은 건조망고 자른 것이었다.

아이에게 '화장실에서만 먹을 수 있는 것'이라고 인식되는 강화물이어야 한다. 예를 들어 음악실에서는 스틱을 쌓아놓고 놀 수 있는데, 이것을 다른 장소에서 사용하지는 않는다. 도서관에 가면 큰 책상 위에 올리가 누워서 놀 수 있는데 이것도 도서관에서만 할 수 있는 것이다. 어떤 장소에서만 할 수 있는 것이 정해지면 이것 자체가 동기가 되어 원활한 전환에 도움을 준다.

3) 정해진 시간을 꼭 지켜서 가기

3주간 기록을 통하여 아이가 일반적으로 쉬를 하는 간격이 유추된다면, 그 시간대에 맞추어 화장실을 간다(한 시간 반마다 또는 두 시간마다). 화장실을 갈 때에는 매번 반드시 '먼저-다음 판'을 사용한다. '화장실 먼저, 다음에 교실'. 이때 엄마와의 의사소통을 통해 여자아이인 경우는 상관이 없지만 남자아이인 경우는 쉬를 집에서 앉아서 하는지 서서 하는지를 물어보고 같은 방법으로 한다. 화장실을 갈 때마다 '화장실에서 성공한 것, 화장실에도 기저귀에도 안 한 것, 하기는 했는데 기저귀에 한 것' 이렇게 칸을 만들어 시간과 함께 동그라미로 기록한다.

이 시점에서 가장 중요한 것은 하나다. 관찰을 통해 정해진 간격에 따라 정확하게 화장실에 가는 것이다.

4) 첫 성공에 칭찬해 주기

생각보다 길어질 수도 있고 생각보다 빨리 될 수도 있다. 두 번째 맡은 아이는 다른 선생님과 첫 1년 동안 화장실 훈련을 하였으나 잘 안 되어서 그다음 1년은 전혀 시도를 하지 않았고, 3년째 나를 만나 다시 화장실 훈련을 하게 되었다. 여러 해에 걸쳐 실패하였기에 부모님도 큰 기대가 없으셨고 "하면 좋지만 안 되어도 괜찮아요" 하는 상황이었다. 말하기에 어려움이 있는 Non Speaking 아동이어서 아이패드에 깔린 앱을 통해 대화를 해야 했는데, 화장실을 갈 때마다 화장실 그림을 터치하는 것으로 시작했다. 9월에 학기가 시작해 관찰이 끝나고 본격적인 화장실 훈련을 시작했을 때가 10월 무렵이었는데, 첫 성공이 12월 크리스마스 방학 전이었으니 꽤 시간이 지나서야 첫 성공에 이르렀다. "야호!" 손뼉을 치고 세상에서 가장 밝은 미소로 안아 주고 바로 강화물인 건조망고를 주고 세상 가장 기쁜 댄스를 하며 축하해 준다.

첫 성공에서 엄청난 칭찬과 축하를 받는 것은 중요하다. 그런데 문제는 그다음, 이 아이가 건조망고를 화장실만 가면 먹을 수 있다는 것을 알게 된 후, 30분마다 화장실 버튼을 누르고 가서 조금이라도 쉬를 만들어 하고는 망고를 먹었다. 첫 성공을 한 후 2개월 정도는 하루 일과가 30분마다 화장실 가기가 되었을 정도였다. 그렇게 또 시간이 지나 망고를 매번 주지 않고 가끔 주는 것으로 바꾸고, 아이도 망고가 더 이상 큰 동기가 되지 않을 무렵 쉬가 마려울 때 화장실 버튼을 누르고 화장실로 가 쉬를 하는 날이 점점 늘어가기 시작했다. 사실 이 아이가 화장실 훈련이 잘된 가장 근본적인 이유는 이때가 바로 '할 때'였다는 생각이 크다. 화장실 훈련은 아이가 화장실 훈련이 될 만한 타이밍에 맞춰 시삭하는 것이 무엇보다 중요하다.

피피(쉬)! 푸푸(응가)!

'피피', '푸푸'는 '모든 걸 다 내가 하고 싶은 대로' 할 수 있게 만드는 마법의 단어다. 언제나 이 말만 하면 화장실로 데려가 주고 모든 상황에서 탈출할 수 있기 때문이다. 도서관에서도 체육관에서도 재미가 없어 교실로 가고 싶어질 때면 아이는

"피피 푸푸~"라고 말한다. 50%는 진짜 화장실에서 쉬도 하고 응가도 하기에 늘 가야 할지 말아야 할지 고민되는 이 말. 오늘도 도서관에서 "피피"해서 나왔더니 쏙~ 교실로 달려가 도망치고만 아이다.

8장
표정 읽기

우리 아이들이 어려워하는 것 중 하나가 표정을 읽고 마음을 읽는 것, 그리고 자신의 감정을 표현하는 것이다. 내 앞에서 말하고 있는 사람의 얼굴 표정 읽는 것을 어려워하고 사람 얼굴을 잘 기억하지 못할 수도 있다. 감정을 읽어내는 것은 대화에서 중요하다. 우리 아이들을 키우면서 마음이 아프고 속상할 때가 바로 이 부분이 건드려질 때다. 엄마는 속상하고 마음이 아파 오지만 아이는 그 마음을 이해할 수 없다. 좋고 싫고 슬프고 기쁘고 마음이 상한 부분들을 공감해 주지 못할 때, 내 아이가 이 부분을 잘 알지 못한다고 머리로는 다 알고 이해하면서도 엄마 마음은 몹시도 아프고 속상하다. 1년 동안 열심히 나와 하루하루 잘 지내왔던 아이가 다른 학년으로 올라가 다른 보조교사를 만나 잘 지낼 때, 나를 전혀 기억조차 못 하고 있다는 것이 느껴질 때 가끔 서운함이 들기도 한다. 보통 우리가 대화를 할 때는 내 감정을 이해받고 있다는 것을 기본으로 하기에, 감정을 느끼는 방향이 일반적이지 않은 우리 아이들과의 대화에서 어렵고 답답함을 느낄 때가 많다. 내가 만난 대부분의 아이들에게 매일 반복해서 가르쳐 주는 분야, 즉 읽기 쓰기만큼 시간을 들여 열심히 가르쳐 주는 것이 바로 표정 읽기, 감정 읽기 그리고 그것을 표현하기다.

우선, 처음 시작하는 두 가지 감정은 '기분 좋아요 happy'와 '기분 나빠요 sad'다. 여러 가지 방법이 있지만 매일 반복해서 하는 쉬운 방법은 분류하기다. 웃는 것, 우는 것만 표현하는 여러 가지 얼굴 사진을 가지고 아이는 맞는 표현(기분 좋아요/기분 나빠요)에 사진을 붙인다. "아기가 울고 있어." "아기는?"(슬퍼), "엄마가 웃고 있어." "엄마는?"(행복해) 그리고 이 두 가지 얼굴 모양이 인식된 후 두 가지 정도씩 감정표현 단어들을 늘려 나간다. 나중에 아이가 말을 이해할 정도가 된다면 자세히 설명하며 가르쳐 줄 수도 있다. "눈썹이 이렇게 올라갔어, 입술은 이렇게 양쪽으로 힘을 주고 있지? 그리고 턱은 이렇게 많이 올라갔어. 이거는 화가 난 거야. 아주 많이. 이렇게 화가 났을 때는 우리가 좀 기다려 주어야 해." 시중에 우리 아이들에게 다양한 감정을 가르쳐 주기 위한 그림이나 사진으로 만들어진 감정카드가 많이 나와 있고, 인터넷에도 자료를 다운받을 수 있는 잘 정리된 사이트와 학습으로 가르칠 때 사용할 수 있는 게임이 많이 개발되어 있다.

나는 지금 슬퍼

요즘 열심히 '행복해, 슬퍼'를 배우고 있는 아이가 교실에서 장난을 치며 갑자기 까르르르 웃는다. 그 순간 "지금 웃고 있구나. '나는 행복해'라고 말해 볼까?" "나는 행복해." 그리고 조금 지나서 갖고 놀던 자동차를 옆 친구가 뺏어가는 바람에 엉엉 운다. "지금 울고 있구나. '나는 슬퍼'라고 말해 볼까?" "나는 슬퍼." 이렇게 가르쳐 주면서 아이가 웃을 때 스스로 "행복해", 울 때 스스로 "슬퍼"라고 말할 수 있길 바란다("'나는 행복해'라고 해볼까?"라고 말을 하면 문장 전체를 그대로 따라 하며 "나는 행복해라고 해볼까?"로 말하기에 "나는 행복해"라고 말한 뒤 아이가 따라 하기를 기다리며 아이에게 '따라 해봐' 하는 눈짓을 하고 고개를 살짝 끄덕여 준다. 그러면 따라서 "나는 행복해"라고 말을 한다).

나는 행복해

감정표현하는 방법을 외우듯 배우고 있는 요즘이다. 여러 가지 웃는 모양의 사람들 사진을 '해피' 칸에 붙이며 '해피'를 배운다. 오늘은 엄마가 주문해 준 따뜻한 피자가 교실로 배달되었다. 피자를 보는 순간 환하게 웃는 모습이 보여서 바로 옆에서 "피자를 먹어서 행복하지? 아이 엠 해피"라고 연습을 시킨다. 곧 따라서 "아이 엠 해피"라고 얘기한다.

9장
모든 아이는 배울 수 있다

캐나다에서 특수교육 보조교사로 일하는 동안 많은 아이들을 만났다. 캐나다에서는 장애아동이 가야 할 학교가 당연히 집에서 가장 가까운 일반공립학교다. 그리고 그곳에서 받는 서비스가 충분하지 않다고 느껴질 때(매일 학교에서 지내는 시간 중에 물리치료, 작업치료, 언어치료 등의 전문적 서비스를 받고 싶은 경우, 특수교육 전문가의 지원을 구체적으로 받고 싶은 경우), 또는 우리 아이가 일반학교에 가기 전 특수학교에서 준비기간이 있으면 좋겠다고 생각할 때 우리 학교와 같은 특수학교를 선택하게 된다. 그러다 보니 헨리 나우웬 선생님이 라르쉬 공동체에서 만난 아담과 같은 정도의 중증장애아동부터 복합장애아동 및 도전행동이 다발적으로 나타나는 어려움이 많은 아이들을 일하는 곳에서 만나게 된다.

지난 10년 동안 아이들과의 만남 속에서 몸으로 배운 것이 있다면 바로 "모든 아이는 배울 수 있다"는 것이다. 휠체어에 앉아 듣기, 말하기, 보기를 못 하고 손가락도 꼼짝하지 못하는 아이도 빨간 버튼을 눌러 녹음된 음성으로 '안녕!'을 표현할 수 있다. 1초도 정지된 모습을 보이지 못하고 끊임없이 뛰어다니며 물고 뜯는 아이도 16개의 큰 조각 퍼즐을 3년이 흘러 맞추고 있다. 응급차 사이렌, 소방차 사이렌 등 사이렌 소리에만 반응을 하여 그 소리에만 맞춰 목소리를 따라 하던 아이도 좋아하는 스마트폰의 종류를 이름대로 부를 수 있다.

기대 수준이 다르다. 배우는 데 걸리는 시간이 다르다. 배우는 내용이 다르다. 배우는 방법도 다르다. 그런데 한 가지 정확한 것은 모든 아이는 배울 수 있다는 것이다. 모든 아이는 좋은 방향으로 변화되고 있다. 그리고 이 믿음이 참 많은 상황에서 나를 포기하지 않게 만들어 준다.

아이에게 있는 아주 작은 변화를 발견하자. 그리고 그 변화를 이끌어낸 자신에게도 잘했다고, 수고했다고 말해 주자. 이것이 우리 아이들과 함께 할 때의 중요한 마음가짐 중 하나이다. 작은 변화를 찾아내고 기뻐하자.

응가하는 것은 언제나 큰 이슈다. 응가하기기 힘든 우리 아이들은 응가를 꼭꼭 쌓아 두었다가 배가 아프기 쉬운데, 그 시기가 오기 전에 혼자서 응가하기를 했을 때 교실의 모든 보조교사와 담임선생님은 "야호!"를 외친다. 아이가 혼자 가위질하는 것은 당연하지 않다. 우리에게 당연한 것은 하나도 없다. 삐뚤빼뚤하여도 혼자 끝까지 종이를 잘랐을 때 진짜 위대한 일을 한 것처럼 칭찬해 준다. 양말을 교실 바닥에 획획 던져 버리던 아이가 <u>스스로</u> 양말을 벗어(감각이 예민한 우리 아이들은 양말을 신고 있는 것을 싫어한다. 그래서 많은 아이들이 교실에서 맨발로 다닌다) 운동화에 꽂아 둔 것을 볼 때 눈물이 핑 돈다. 작은 것에서 기쁨을 찾아낼 수 있는 태도가 우리에게는 필요하다. 모든 아이는 배울 수 있다!

최고의 순간

보이지 않고 말도 못 하고 걷지도 못하고 스스로 먹지도 못하는 아이다. 휠체어에 앉아서 수업을 듣던 이 아이가 오늘 캘린더 시간에 3일이라는 숫자 3에 맞춰 첫 두 번은 담임교사가 발을 잡아 주어 찼고, 마지막 한 번은 스스로 힘을 내어 오른발을 뻥 앞으로 찬다. 교실에서 "와!" 하고 난리가 난다. 오늘 최고의 순간이다.

생일 축하해! 후~

아이들이 어렸을 때 매일 열 번도 넘게 집에서 반복했던 놀이 중에 생일축하 놀이가 있다. 아무것이나 초가 꽂힐 만한 것만 보면 바로 초를 꽂고 엄마 손을 잡고 불을 붙여 달라고 하고서는 연년생인 오누이가 손뼉을 치며 생일 축하 노래를 부르고 함께 초를 '후~' 불고는 박수를 "와!" 하고 친다.

    대부분의 아이들이 참 좋아하는 놀이지만 자폐 범주성 장애 아이들에게는 다르다. 우선 대근육, 소근육이 마음대로 조절되지 않기에 힘을 모아 숨을 참았다가 초를 '후~' 하고 한 번에 부는 동작을 배우는 것이 어렵다(같은 의미에서 대변 화장실 훈련도 어려운 부분이다. 아이가 배와 엉덩이의 어느 부분에 힘을 주고 빼야 하는지를 배우기가 어렵다). '후~' 불고 싶지만 안 되니 화만 난다. 무슨 날이기에 모든 사람들이 내 앞에서 환히 웃으며 큰 소리로 손뼉을 치며 노래를 하는 건지 이 모습도 익숙해지려면 한참의 시간이 필요하다. 보통 다섯 살 유치부에 입급되어 2-3학년이 되기까지 3-4년을 같은 교실에서 함께하는 아이들이기에 아이들이 커가는 모습을 오래도록 지켜보게 된다. 오늘 아침 담임교사가 큰 소리로 부르더니 아이의 엄마에게서 온 짧은 영상을 보여 준다. 지난 3년간 단 한 번도 생일 케이크 초를 불지 않았던 아이가, 심지어 화를 내며 울고 도망쳤던 아이가 어젯밤 생일 케이크 노래를 같이 부르고 초를 불었다며 보내 준 짧은 영상이었다. 너무나 기뻐서 담임교사와 함께 펄쩍 뛰며 환호한다.

10장
놀이선택판(Break Choice Board)

이것을 한국말로 어떻게 바꾸면 좋을까. 분명 서울 어느 학교에서도 똑같은 것을 사용하고 있을 텐데 현장에서 어떤 말로 사용하고 있는지를 모르겠다. 여기서는 '놀이선택판'으로 부르도록 한다. 위에서 언급한 것처럼 우리 아이들이 교실에서 하루 종일 가장 많이 보는 판이 '먼저-다음판'이다. 매번 한 활동이 마무리되고 다음 활동을 할 때마다 사용된다. 그리고 어떤 아이들은 구체적으로 특별한 시간을 정해 매번 휴식 시간을 갖는 것이 필요하다. BREAK. 내가 하고 있는 것을 잠깐 깨고 그다음에 다시 시작할 수 있게 만드는 시간이다. 장소를 이동하거나 교실에서 다음 동작으로 바로 가야 할 경우에는 '교실 다음 도서관', '책상 다음 카펫' 이렇게 '먼저-다음판'을 사용하고, 매 책상에서 과제를 다 한 후 쉬는 시간에는 '놀이선택판'을 사용한다. 평소 아이가 좋아하는 놀이, 장난감을 관찰하여 사진이나 같은 모양의 그림을 찾아둔다. 그리고 A4 종이 크기의 코팅된 판에 5개 정도의 벨크로 테이프를 붙이고 준비한 사진, 그림을 붙인다. 아이는 쉬는 시간에 선택판에서 한 가지를 골라 교사가 정해 준 시간 동안 놀 수 있다.

아이가 하고 있던 일을 잠시 멈추고 다른 것을 하고 싶어 하는 모습을 보일 때 즉시 아이 눈앞에 놀이 선택판을 보여 주고 다음에 하고 싶은 것을 선택하게 하는 것이 좋다. 그렇게 하기 위해 내가 사용하는 방법은 목걸이다. 반명함 크기의 5개 사진(블럭 놀이, 소꿉장난 놀이, 인형 놀이, 놀이방, 간식)을 고리에 달아 목걸이를 만들어 아이가 새로운 것을 하고 싶어 하는 모습을 보이는 순간 바로 눈앞에 보이며 하고 싶은 것을 선택하게 한다. 교실에서 일반적으로 사용되는 것은 복도나 운동장 걷기, 모래놀이, 놀이방에서 놀기, 소꿉놀이, 자동차 놀이, 아이패드로 놀기, 스티커 놀이, 블록 놀이, 플레이도우 놀이, 퍼즐 놀이, 공룡 놀이, 도서관 가기, 미끄럼 타기, 볼풀장Ball pool(작은 공이 산뜩 채워져 있는 공간)에서 놀기, 물놀이(큰 대야에 물을 담아 수도를 틀어 놓고 하는 물놀이) 등이다.

해야 할 일이 끝나면 "끝"이라고 말하며 "이제는 쉬는 시간! 이 중에서 무얼 하고 놀까?" 하며 한 가지를 고르게 한다. 그리고 아이가 고른 것을 '먼저' 칸에 붙이며 "5분 먼저 플레이도우 놀이" 그리고 '다음' 칸에 책상 그림을 붙이며 "다음에 책상이야~"라고 한다. 아이가 전환에 문제가 없어서 타이머가 없이도 "놀이 끝" 하면 바로 책상에 앉는 경우에는 상관없지만, 보통은 끝나기 1분 전 정도에 10, 9, 8, 7, 6, 5, 4, 3, 2, 1 카운트다운(중요한 것은 카운트 업-1, 2, 3, 4…-이 아니라 카운트다운이다!)을 소리 내어 해주며 마음으로 끝낼 준비를 할 수 있게 한다. 타이머를 사용하는 경우 처음 시작할 때 타이머를 보여주고 "이제 3분 남았어, 1분…" 하며 마지막 1분부터 타이머를 보여 준다.

물놀이

쉬는 시간을 위해 아이가 고른 놀이는 물놀이다. 복도에 있는 세면대로 가서 대야에 물을 받고 세 가지 컵을 이용하여 물을 갖고 논다. 교실로 돌아가야 할 시간이 다가올 때쯤 카운트다운을 한다. "10, 9, 8 … 1. 물놀이 끝! 교실로 가자!" 카운트다운이 시작되면서 아이도 마음에 곧 물놀이가 끝남을 예상하고 자연스럽게 교실로 이동한다.

11장
1, 2, 3은 읽지만 세지는 못하는

"우리 아이가 글자를 글자로만 알아요. 기능적으로 읽기를 못해요"라는 말을 들을 때가 있다. 여기서 '기능적'이라는 말이 포인트다. 1에서 10까지 숫자를 보고 읽을 수 있고, 형태가 같은 숫자끼리 짝을 지어 찾을 수도 있고, 교사가 부르는 숫자를 집어 올릴 수도 있지만, 블록 열 개를 직접 세어 보는 것은 다른 문제다. 3이란 숫자를 알지만 곰 세 마리를 놓고 세어 보면서 "세 개"라고 말하는 것은 다른 문제다. 그런 점에서 "숫자를 100까지 알아요"라는 말은 "장난감 100개를 셀 수 있어요"와 같은 말이 아니다. 가끔은 학부모들이 "내 아이가 100까지 셀 수 있는데 다시 1부터 세기를 연습하나요?" 하고 묻는 경우가 있다. 이런 경우 같은 대답을 드린다. "100까지 숫자를 보며 읽을 수는 있지만 연필을 한 개, 두 개, 세 개 센 후, '연필은 세 개야'라고 말하는 것은 어려워합니다"라고.

숫자 읽기와 숫자 세기. 똑같은 중요도를 두고 처음부터 같이 가르쳐야 한다. 글자도 마찬가지다. 기역, 니은, 디귿을 하나하나 반복 훈련을 통해 읽어낼 수는 있지만, 글자를 통으로 읽고 단어의 의미를 문맥에서 파악하는 부분은 다른 영역이다. 글자, 숫자 공부를 할 때에는 기능적 읽기, 기능적 셈하기를 함께 같은 중요도를 두고 가르칠 수 있으면 좋다. 하나를 가르쳐 주면 하나만 아는 우리 아이들이기에 하나씩 모든 상황을 가르쳐 줘야 한다.

하나, 둘, 백

1에서 30까지 숫자 중에 아무 숫자나 말해도 들은 숫자를 집어 줄 수 있는 아이다. "숫자 2 주세요" 하면 2를, "숫자 15 주세요" 하면 15를 준다. 그런데 물건 갯수 세기 단계로 넘어가면 두 개 이상 세기를 어려워한다.

"연필이 몇 개 있어요?" 하며 손가락으로 같이 집으며 센다.

아이의 대답은 "하나, 둘, 백"이다.

두 개가 넘어가면 많은 것이라고 생각은 하는데 많은 것은 백으로 이해하는 것 같다. 그래서 무엇이든 물건을 셀 때 두 개를 넘어가면 모두 백 개가 된다.

12장
응용행동분석을 통한 지도(ABA)

ABA는 특수교육 현장에서 전통적으로 오랜 시간을 두고 사용하고 있는 방법들 중 한 가지다. 이 방법이 잘 맞는 학생도 있지만 모든 아이들에게 이 방법이 잘 맞는 것은 아니다. 그래서 엄마는 많은 고민을 하고 선택할 수밖에 없다. 이 책에서는 ABA가 무엇인지 자세히 다루지 않는다. 엄마가 아이를 위해 ABA를 결정할 때 알아두면 도움이 될 간단한 지식 정도만 소개한다. 보다 자세한 내용은 관련된 전문 서적을 읽어 보길 권유한다.

응용행동분석Applied Behaviour Analysis을 줄여서 ABA라고 부른다. '아이를 위해 무엇을 해야 하나?' 고민하는 순간 만나는 단어 중 하나가 ABA 프로그램이다. 따로 이 부분만을 공부하는 학과가 있고, 이곳을 졸업한 뒤 '도전행동중재 전문가'라는 이름으로 일을 하는 사람들도 있다(이곳에서는 BI, 도전행동중재 전문가Behavior Interventionist라고 부른다). 이 프로그램을 집중적으로 사용하는 전문학교도 있어서 엄마들은 ABA를 전문적으로 운영하는 학교에 아이를 등록시켜야 할지 고민하게 된다.

  ABA는 아이가 하는 모든 행동에 의미가 있음을 전제로, 행동을 일으키는 원인을 찾고 분석하여 도전행동을 줄여나가는 것을 목표로 한다. 아이가 배울 과정을 작은 단위로 세분화하여 한 단계씩 성취해 나갈 때 어떤 것이든 가르칠 수 있도록 한다. 그렇기에 도전행동이 줄어들지 않고 있다면 도전행동을 일으키는 원인을 잘못 이해한 것 또는 도전행동 후에 주어지는 결과에 대한 부분을 잘못 이해한 것으로 파악하고 행동의 전후를 다시 분석해 간다. 마찬가지로 몇 세션이 끝났음에도 목표한 성과에 이르지 못하고 과정을 못 배우고 있다면, 세분화하여 제시하는 과정에 문제가 있는지를 점검하고, 성공하였을 때 받는 강화물이 동기부여를 못 하고 있지 않은지를 살펴본다. 과제가 너무 어렵거나 또는 너무 쉬워서일 수도 있다고 본다면 난이도를 조정한다. '하나를 가르치면 열을 안다'가 아니라 열 개를 알게 하려면 일반화를 이루기까지 백 가지 방법으로 알려 줘야 하는 우리 아이들의 특성이 이 분야가 갖고 있는 강점과 잘 맞는다.

  또한 전체를 한 번에 보여 주는 것은 이해하기 어렵지만 부분적으로 한 개씩만은 이해하고 따라올 수 있는 우리 아이들의 특성과 맞기에 일반화(훈련하고 연습된 상황과 다른 곳에서도 같은 수행을 할 수 있는 것을 일반화라고 한다) 및 보상으로 사용되는 강화물과 관련된 몇 가지 단점을 뒤로하고 학교 현장에서 자주 사용하는 방법이다.

관찰(ABC)

ABA에서 가장 중요한 것은 관찰이다. 아이가 노는 모습을 관찰하기도 하고, 보편적으로는 아이의 일상을 시간을 두고 ABC 행동분석표상에 특정 행동의 발생 빈도를 체크하면서 관찰한다. 아이가 너무 예민하여서 직접 보며 관찰하는 것이 어려운 경우에는 영상으로 촬영하여 관찰할 수 있다. 관찰을 통해 분석표(ABC표)에 행동의 빈도수를 적고 행동이 일어나기 전과 후의 상황을 기록한다. A(Antecedent, 선행조건)는 행동이 일어나기 전 환경을 말한다. B(Behavior, 실질적인 행동)는 구체적으로 나타난 행동, C(Consequence, 행동의 결과)는 행동의 결과로 보이는 변화들에 대한 기록이다.

이 관찰과 기록의 가장 큰 장점은 아이의 행농이 의미하는 것이 무엇인지를 파악하고(앞에서도 설명하였듯이 ABA에서는 모든 행동이 반드시 목적과 의미가 있다고 전제한다. 예, 원하는 붉선을 받기 위해, 교사의 관심을 갖기 위해, 아픈 것을 표현할 방법으로, 화장실을 가고 싶다고 표현하기 위해 등) 도전행동이 일어나기 전 환경을 조정하거나 도전행동이 나타나는 그 환경을 아예 만들지 않게 하여 도전행동을 줄여 준다. 또는 아이가 도전행동 후 얻게 되는 보상에 해당하는 부분을 조정하여 도전행동을 개선

할 수 있다.

세분화된 과정

ABA에서는 학생이 배워야 할 것들에 있어서 읽기, 쓰기(많은 경우 같은 글자/숫자를 찾아내는 짝 맞추기로 시작한다)와 같은 인지학습 영역도 중요하지만 먼저는 일상생활에서 필요한 생활기술에 관심을 갖는다.

아이에게 가르쳐 주고 싶은 목표가 설정되었다면 목표로 선정된 과제의 전 과정을 여러 개의 단계로 세분화한다. 세분화하는 정도는 아이의 수준에 따라 정도의 차이가 있다. 세분화된 각각의 순서들은 아이의 수준에 따라 쉽고 간단한 그림으로 표현할 수도 있고, 단어나 문장으로 표현할 수도 있고, 사진을 찍어 순서대로 붙일 수도 있다. 학교의 손 씻는 곳에 붙어 있는 그림 6장은 '물을 틀어요, 비누를 짜요, 작은 별 노래를 부르며 손을 비벼요, 흐르는 물에 손을 씻어요, 물을 잠가요, 휴지에 닦아요'다. 화장실 문 벽면에는 5장의 그림이 순서대로 붙어 있다. '바지를 내려요, 앉아요, 물을 내려요, 바지를 올려요, 손을 씻어요'다.

이빨을 닦는 것, 학교에서 돌아와 책가방을 내려놓는 것, 길거리에서 강아지를 만났을 때 강아지에게 인사를 해도 되는지 묻는 것, 엄마가 "저녁상 차리는 것 도와주세요"라고 말하면 숟가락 놓고 젓가락 놓는 것, "방 정리하세요" 하면 책상 위를 정리하는 것, 도서관에서 읽고 싶은 책을 찾는 것, 집에서 학교까지 버스를 타고 가는 것, 과학실에서 실험에 참여하는 것, 라면 끓이는 것, 설거지하는 것 등 일상생활을 넘어 일하는 곳에서 할 일에도 적용하여 가르칠 수 있다.

도서관에서 일하기

고1이 된 아이는 집 근처 도서관에서 책을 선반에 꽂는 것을 돕는 자원봉사를 한다. 이 일을 시작하기 위해 교사와 엄마는 도서관에 도착하여 책이 쌓인 곳으로 간 후 수레를 끌며 번호를 보고 선반에 책을 꽂는 것을 단계화하여 체크리스트를 만들었다. 첫 한 달은 엄마와 함께 체크리스트에 체크를 하며 일을 하였고, 지금은 혼자서 체크리스트 없이 주어진 일을 잘 수행한다. 벌써 이 일을 시작한 지 2년째다.

쿠키 만들기

매주 한 번은 아이들과 음식을 만든다. 이 시간에 담임선생님은 직접 만든 7개 정도의 카드를 하나씩 아이들에게 보이며 아이들이 한 동작씩 수행할 수 있도록 돕는다.

> 계란 2개를 저어요, 밀가루 한 컵을 넣어요, 같이 저으며 반죽을 해요, 설탕 1컵을 넣어요, 다시 반죽해요, 모양을 찍어 판에 올려요, 오븐에 넣어요

반복

ABA에서는 반복 연습이 중요하다. 읽기, 쓰기를 포함하는 책상에서 하는 학습이나 일상생활과 관련된 학습도 모두 세분화해서 계획된 프로그램에 따라 교사의 도움 없이 스스로 완전 독립적인 수행이 될 때까지 반복한다. 현장에서 발견한 재미난 점은 같은 것을 아무리 반복하여도 그것이 루틴 안에 있을 때 아이들은 지겨움을 느끼지 않고 꾸준히 한다는 것이다. 반면, 인내와 끈기가 떨어지는 나는 이 무한 반복의 상황에 가끔은 기계처럼 아무 생각 없이 카드를 섞어 주는 손동작만 반복하고 있을 때도 있다. 매 성공한 횟수, 성공하지 못한 횟수를 빠르게 기록해야 하는데 보통은 벽에 기록지를 붙여 놓고 한 세트가 끝나자마자 바로 기록(동그라미나 작대기와 같이 아주 간단한 방법으로)한다.

아이와 프로그램을 시행할 때 주의할 점은 필요한 말만 간단하게 반복 사용하는 것, 잘못 수행하였을 경우 즉시 교정해 주는 것, 매 회차 시 같은 말을 사용하여 같은 순서를 지켜 주는 것, 제시하는 상황을 조금씩 바꿔 주어 단순히 외워서 하지 못하게 하는 것(예를 들어 세 장의 카드를 놓고 똑같은 카드를 위에 올리는 경우 한 세션이 끝날 때마다 세 장의 카드의 위치를 재빠르게 바꿔 준다.―ABC/CBA/ACB. 블록을 같은 색깔에 꽂는 경우에도 두세 가지 블록의 위치를 세션마다 바꿔 준다). 아이의 수행능력에 따라 보통 5회 이상 혼자 독립적으로 전체의 70%를 수행했을 경우

BI전문가와 의논하여 다음 단계로 이동한다. ABA프로그램을 교실에서 매일 활용하는 다섯 가지 책상 과업의 예는 앞에 나온 '5가지 책상활동(68쪽)'에서 자세하게 다루었다.

13장
식사 지도

한자리에서 음식을 먹는 것이 어려운 아이가 있다. 한자리에 앉아 있는 것이 어려운 아이는 한자리에 앉아서 먹는 것도 어렵다. 그래서 내가 하는 방법은 공간을 서서히 줄여가는 것이다. 교실에서 두 개 혹은 세 개의 면이 막혀 있는 벽을 찾는다. 책상을 이용하여 남은 면을 막아 네모 공간을 만든다. 공간 안에 아이가 좋아하는 장난감을 두 가지 넣어 준다. 책상 위에 음식을 둔 다음 책상 앞쪽으로 의자를 두고 앉아 아이가 점심을 다 먹을 때까지 기다려 준다. 아이는 공간 안에서 자유롭게 움직이며 음식을 먹는다. 이때 지켜야 할 한 가지는 아이가 공간을 이탈하지 않도록 하는 것이다. 점점 먹는 공간을 좁혀가며 의자에 앉아 먹기를 시작한다. 의자에 앉아 있기가 성공한 날, 교사는 아이의 의자 바로 뒤에 붙어 앉아 아이가 2분, 4분, 6분 점점 의자에 앉아 밥 먹는 시간이 늘어나도록 돕는다. 첫 2분 동안 앉아 먹기가 성공한 날, 교사는 손뼉을 치며 환한 얼굴로 칭찬을 해주어 아이가 이 일이 참 멋진 일이라는 것을 스스로 느낄 수 있게 해준다.

바나나 다 먹어야 포도 먹어!
아이의 간식시간과 점심시간 매일 사용하는 말이다. 이 정도의 중재가 없으면 이 귀여운 녀석은 바나나는 다 남기고 포도만 먹고, 빵은 다 남기고 치즈만 먹는다.

음식 숨기기
가끔 어떤 아이들은 '먹는 것'에 지나친 관심을 보이기도 한다. 설탕의 달달함을 알기에 찾고, 때로는 체질상 대사작용이 빠르게 이루어져 항상 배가 고프기 때문에 먹을 것을 찾는다. 재빨리 어딘가에 있는 달달한 것을 찾아내 쏜살같이 먹어 버린다. 깜빡하고 캐비닛 위에 올려 둔 다른 아이의 사과주스. 재빨리 의자를 놓고 올라가 친구의 주스를 다 먹어 버린다. 아이들이 너무 좋아하는 음식들은 꽁꽁 숨겨 두어야 한다.

14장
무엇에 관심이 있는가

우리 아이들은 새로운 탐험을 하기 위해 먼저 문을 열지 않는다. 항상 우리가 먼저 아이들에게로 들어가야 한다. 그중 가장 좋은 방법, 언제나 통하는 방법은 관심 있는 것을 통하여 들어가는 것이다. 그래서 아이들과 같이 노는 것부터 시작한다. 관심 있는 것을 가지고 놀아 주며 또 다른 관심 있는 것들을 찾아낸다.

 관심 있는 것을 가지고 놀 때에는 항상 명심하자. '아이 주도'여야 한다. 우리는 단지 아이가 주도하는 놀이에 초대된 친구가 될 뿐이다. 그리고 놀이 사이사이에 자주 물어보자. "○○랑 △△, 무엇으로 할까?" 선택하기 기술Choice Skill을 배우고 연습하기에는 놀이 상황이 최적이다. 아이가 어떤 반응을 요구할 때는 아주 짧게 다시 상황을 말해 주자. "○○는 △△을 하고 있구나", "○○가 □□를 만나고 있구나", "☆☆는 ○○을 보고 있구나", "○○는 걷고 있구나."

이때 어떤 평가나 판단의 단어는 들어가지 않도록 한다. "아! ○○가 □□을 만들었구나"라고 사실 그대로를 얘기해 자신이 지금 무엇을 하고 있는지를 확인할 수 있게 한다. 아이가 좋아하는 것은 학습과 연결된다. '먼저-다음판'에서 다음에 해당하는 부분에 아이들이 좋아하는 것을 놓고, 공부를 먼저 할 수도 있고, 좋아하는 것을 이용한 선 긋기, 셈하기, 언어치료, 색깔 이름 익히기, 사회적 대화 연습하기를 할 수도 있다. 무엇을 하든 시작을 아이들이 좋아하는 것으로 하는 것이 중요하다.

선 긋기는 쓰기 활동의 기초다. 아이들이 가장 먼저 시작하는 책상활동 중 하나다. 그 시작은 가로로 선 긋기, 세로로 선 긋기다(그다음에 대각선 긋기, 지그재그 긋기, 동그랗게 긋기 등). 아이의 수준에 맞는 필기구를 먼저 정한다(일반적인 펜, 크레용, 계란 모양 크레용, 삼각형 모양 펜 등). 그리고 아이의 수준에 맞는 개입 수준(촉진Prompt)을 정한다(아이의 손 위에 손을 내고 교사의 힘으로 긋는 것, 말로만 지시를 해주는 것, 아이가 혼자서 하는 것 등). 그리고 준비한 학습지 위에 아이가 선 긋기를 시작한다. 이 학습지를 아이가 좋아하는 애니메이션 스티커로 만들 수 있다. 아이가 좋아하는 자동차 스티커를 양쪽에 붙이고 형광펜으로 이어서 아이가 형광펜 위를 따라 선 긋기를 한다. "맥퀸부터 메이터까지 이어 보자." "엠버부터 로이까지 이어 보자." 다른 예로, 글자를 배우는 것에도 적용할 수 있다. 차, 기차와 같은 운송수단을 좋아하는 아이의 알파벳 책을 자동차, 비행기, 배, 기차와 연관 지어 만든다. A for Air plane, B for Boat … J for Jeep … M for Motorcycle. 그림과 글자가 한 장에 한 개씩만 들어가 있고, 글자의 소리를 내며 노래처럼 부르며 익힌다.

B for Bus

좋아하는 운송수단으로 알파벳을 외우는 중이다. 요즘 아는 글자가 많아져서 보이는 글자를 다 읽어 보느라 복도를 걸어가는 데 시간이 오래 걸린다. 'LIBRARY'라고 적혀 있는 표지판에서 멈춘다. 자신 있게 아는 글자 두 개, B와 A다. 그런데 그냥 'B', 'A' 라고 하지 않는다. 외운 그대로 긴 노래를 다 불러야 한다. "B says /b/, B says /b/ Bus Bus /b/ /b/ /b/", "A says…" 크게 목청껏 신나게 부르는 긴 알파벳 노래를 끝까지 다 들어준다.

15장
잠자기 습관

과도한 긴장감과 불안감 그리고 감각의 예민함으로 인해 우리 아이들은 대부분 통잠을 못 이룬다. 아이들이 잠을 못 잔다는 말은 편히 자는 것이 다른 아이들에 비하여 훨씬 오래 걸리고 늘 피곤함 속에 산다는 것과 동일한 말이다. 교실에서 하루에도 여러 번 하는 이야기 중 하나가 "아이가 새벽 2시에 일어났다고 해", "아이가 어젯밤에 두 시간밖에 못 잤어" 하는 아이의 잠과 관련된 이야기다.

    아침에 엄마와 바삐 헤어지며 교실로 오는 아이들을 뒤로하고 재빨리 엄마에게 꼭 물어보는 질문은 "지난밤에는 잘 잤어요?"이다. 깊은 잠을 못 자는 아이가 며칠간 몇 시간 정도밖에 못 잤다면 그날은 교사와 씨름하는 하루가 된다. 온몸이 피곤한 상태로 아침부터 짜증과 잠투정이 시작되어 울고 떼쓰는 아이지만 그럼에도 담당 보조교사는 일상의 루틴을 지키며 해야 할 것을 하게 하기 위해 '먼저-다음판'을 그 어느 날보다 자주 보여 주며 긴 하루를 보낸다. 학교에서 잠이 드는 경우도 있는데, 이런 경우 교사는 재워야 할지 말지, 언제 깨워야 할지, 어떻게 깨워야 할지 결정을 내려야 한다. 왜냐하면 학교에서 낮 동안 짧게라도 단잠을 자게 되면 밤에 또 잠을 이루기가 어렵고 그러다 보면 잠 못 자는 사슬을 끊기가 더 어렵기 때문이다. 감각에 대한 예민함에 스스로가 익숙해질 무렵인 열 살 정도가 지나는 때부터 자연스럽게 잠자는 루틴을 찾게 되기도 하지만, 다른 아이들보다 온몸의 감각기관들이 각성화되어 불안감과 불편함에 쉽게 잠을 못 이루는 우리 아이들의 고통은 곧 엄마의 고통이기도 하다.

집에서만 가능하고, 엄마만 할 수 있는 부분이(잠버릇은 교사가 개입할 수 없는 완전한 엄마의 영역이다) 자는 습관 들이기다. 잠을 못 자서 오는 피곤함은 엄마가 생각하는 것보다 훨씬 더 아이의 교실 생활에 영향을 준다. 보통은 하루 잠 못 자면 계속 잠을 못 자게 되는 악순환이 되고, 반대로 이를 악물고 시간 관리를 잘해 하루 잠을 잘 재우면 계속 잠을 잘 자게 되는 게 일반 아이들의 잠자는 패턴이라면 우리 아이들은 다르다. 몸의 모든 감각기관들이 깨어 있고 각성된 상태가 오래 지속되다 보니 잠깐 자는 것 같다가도 두 시간 후면 깨고 한 시간 후면 깨는 날이 많다. 그래서 어떤 면에서는 '크면 저절로 자게 되겠지' 하며 엄마가 포기하게 되기도 한다. 그만큼 엄마를 지치고 힘들게 하는 부분이 아이의 매일 밤 잠자기다. 노력으로 안 되는 것이 있음을 매번 느끼게 해주는 힘든 부분이다. 그럼에도 아이의 좋은 잠 습관을 위해 해볼 만한 것들을 소개해 본다.

1) 저녁밥을 일찍 충분히 먹기 위해 하루 세 끼 밥 먹는 시간을 정확히 지킨다

나이에 따라 요구되는 잠 시간은 다르지만 유치원에서 저학년까지 아이들은 매일 10시간 정도 잠을 잔다. 8시 정도부터 잠자기 의식을 시작하여 9시 정도에 재울 생각을 한다면, 7시 전에는 저녁을 먹고 치우고 정리하는 시간이 끝나야 좋다.

2) 낮잠 시간을 지킨다

3-4살까지 하루 두 번 자던 낮잠 시간은 점차 줄어 유치원 무렵에는 하루 한 번 정도로 조절된다. 낮잠을 길게 오후 늦게 자지 않도록 낮잠 시간을 잘 조절한다. 오후 3시 이후에는 어떠한 경우에도 낮잠을 재워서는 안 된다.

3) 잠자기 의식을 만든다

샤워를 하거나, 엄마가 침대에서 책을 읽어 주거나, 마사지를 해주는 등 잠들기 전 하는 몇 가지 일련의 반복되는 패턴을 만드는 것이 중요하다. 잠자기 의식이 시작되면 아이의 온몸이 '곧 자는구나' 하고 준비하게 된다. 하룻밤 질 좋은 잠을 위해서 건강한 루틴으로 하루를 부지런히 보내는 것이 중요하다.

보름달 신드롬

한 달에 한 번 정도 이상하고 신기하게 교실의 모든 아이들이 동시에 몹시 피곤해하며 쉽게 화를 내고 잠시도 가만히 있지 못하는 힘든 날이 있다. 그런 날 담임선생님과 나는 눈을 마주치고 "어제가 보름이었지?"라고 말하며 웃는다. 과학적이지도 않고 믿어지지도 않을 만큼 이상한 말이지만 아이들은 보름달 뜨는 날이면 특히나 잠을 못 잔다. "보름달이 뜨는 밤은 달빛이 평소와 달라서 예민쟁이 우리 아이들이 다 같이 잠을 못 자는 거야"라고 이해하게 되는 그런 날이다.

16장
상황 이야기(Social Story)

앞에서 언급한 적 있는 상황 이야기Social Story는 시각적 지원으로 정보를 쉽게 받아들이고 이해하는 우리 아이들에게 자주 사용되는 교수법이다. 아이의 사회성을 높이기 위한 책을 넘어서 아이의 '기대사항, 예상의 범주'를 넓혀 변화에 부드럽게 대응하게 만들어 주는 도구다. 앱 스토어에 이름을 검색하면 쉽게 만들 수 있는 앱을 다운받을 수 있고, 이 앱을 통해 사진 몇 장만 있으면 단시간에 만들 수 있다. 이 짧은 이야기책은 아이가 쉽게 읽고 실천하는 것이 목표이기 때문에 1인칭 '나'로 하며, 사진이나 그림 아래 가능한 짧은 문장 몇 개를 써서 구성한다. 대체로 A4절반 정도 종이에 사진이나 그림 한 개, 그 아래 2-3개의 문장으로 구성되며, 전체는 10장 이내로 만드는 작은 책이다. 태블릿에 있는 앱으로 만들 경우는 태블릿을 한 페이지씩 넘기며 볼 수 있고 음성 지원도 가능하다.

학교에서 대부분의 아이들이 좋아하고 항상 가고 싶어 하는 공간, '먼저 ○○ 하고 그다음에 치료실 가자'에 자주 사용되는 작업치료실이 있다(우리는 이곳을 OT룸Occupational Therapy Room이라고 부른다. 아이들은 치료실의 큰 그네, 큰 미끄럼틀, 볼풀, 여러 가지 놀이기구들을 정말 좋아한다). 이곳의 한 벽면에는 다양한 종류의 상황 이야기가 가득 걸려 있다. 교실에서 아이와 소통의 어려움이 발생하면 얼른 달려가 가지고 와서 바로 사용할 수 있다. 종류를 살펴보면 '이가 빠졌어요, 도로로 달려가면 안 돼요, 화가 났어요, 화장실에서 응가해요, 소풍 가는 아침이에요, 친구랑 장난감을 같이 갖고 놀아요, 치과에 가요, 동생이 생겼어요, 이사 가요, 체육 시간이에요, 행복해요, 슬퍼요, 쉬는 시간이 필요해요, 나에게 너무 가까이 오지 마세요, 친구에게 인사해요' 등이다.

사진 찍는 날

매년 9월 말, 새 학년이 시작되고 교실의 일상에 조금씩 적응이 되어갈 무렵, 학생 모두 체육관에 가서 개인 사진을 찍는다. 1년 중 손꼽히는 힘든 날 중 하나다. 작년에도 이 아이와 반나절 씨름을 하고 결국 사진을 못 찍었다. 체육관에 큰 사진기가 있고, 못 보던 사람이 와 있고, 조명기가 켜져 있다. 그 모습은 평소 체육관의 모습이 아니다. 가까이 가지도 못하고 더욱이 사진 찍는 2초간 가만히 서 있는 것은 너무나 어렵다. 담임선생님과 의논하고 언어치료 선생님이 '사진 찍는 날'을 가지고 상황 이야기를 만들어 주기로 한다. 노트 반 정도 되는 사이즈의 7장짜리 책은 큰 사진 아래에 짧은 문장으로 구성된다. 그리고 9월 한 달 동안 읽기 시간에 매일 읽고 1주일에 한 번씩 직접 가서 시뮬레이션도 해본다.

사진 찍는 날

사진을 찍기 위해 체육관에서 사진사가 기계를 갖고 준비합니다.

나는 선생님 손을 잡고 체육관으로 갑니다.

사진사가 내 이름을 부릅니다.

나는 선생님의 손을 잡고 발바닥 모양 그림에 섭니다.

선생님이 내 앞에서 웃어 줍니다.

사진사가 하나 둘 셋 하고 사진을 찍습니다.

교실로 돌아옵니다.

나를 소개하기

아이의 사진, 좋아하는 장난감 사진을 가지고 나를 소개하는 짧은 책도 만들어 볼 수 있다. 아이를 처음 만나는 사람에게 주어 미리 읽게 하고 아이를 처음 만나는 상황을 준비하게 하는 도구로 쓰인다. 유치원에서 선생님이 친구들에게 우리 아이를 소개해 줄 때 사용할 수도 있고, 자주 만나는 친구, 이웃들에게 보여 줄 수도 있다.

나를 소개합니다

모든 사람이 다른 모습을 지닌 것처럼 나도 다른 부분이 있습니다.

나는 소리에 예민합니다. 아이의 우는 소리를 들으면 나도 웁니다.

내가 귀를 막거나 헤드폰을 사용할 때에는

어떤 소리가 나를 괴롭히고 있다는 뜻입니다.

나는 공간이 필요합니다.

너무 가깝게 내 앞에 오거나 내 눈을 바라보며 이야기하지 마세요.

내가 화를 낼 때는 나에게 충분한 공간을 주고 혼자 있게 해주세요.

나는 화장실을 혼자 갈 수 있고 밥도 혼자 먹습니다.

그러나 차를 보면 길 쪽으로 뛰어갈 수 있으니

외출할 때에는 내 손을 꼭 잡아 주세요.

장난감 나누기

교실에는 장난감이 많습니다.

그중에서 나는 소방차를 좋아합니다.

○○도 나처럼 소방차를 좋아합니다.

나는 ○○에게 소방차를 주며

"같이 놀자"라고 말할 수 있습니다.

우리는 차례를 기다리며 같이 재미있게 놀 수 있습니다.

여름에는 짧은 옷을 입어요

낮이 길어지고 따뜻해지면 여름이 옵니다.

겨울 동안 입었던 긴소매 옷은 벗고

짧고 시원한 옷으로 바꾸어 입습니다.

나는 엄마가 준비해 준 짧은 소매 옷을 입고 학교에 갑니다.

시원해서 기분이 좋습니다.

긴소매 옷은 날이 추워지면 다시 입습니다.

17장
수정교육과정

아이가 일반 공립학교를 다니는 경우 우리 아이들은 특수학급이 아니라 일반학급에서도 수업을 받게 된다. 일반학급에서 수업을 받을 때 적용할 수 있는 교수 방법으로 수정교육과정을 소개한다. 수정교육과정 Adjusted/Modified Curriculum이란 일반교육과정을 수정하여 우리 아이들이 통합반 수업시간에 일반 아이들이 배우는 것과 동일한 교육과정 안에서 학습할 수 있도록 돕는 방법이다. 통합교육이 일반화된 현시점에서 가장 널리 사용되고 있는 방법이라고 할 수 있다.

중1 사회 시간, 아이들이 높새바람을 배우는 날이다. 일반교육과정의 내용대로 교사는 높새바람을 설명하고 학생들은 높새바람에 관한 문제를 푼다. 학생들이 문제를 풀고 학습지의 빈칸을 채우는 동안 우리 아이들은 높새바람과 관련된 그림을 색칠하거나 관련 단어로 만들어진 학습지로 글쓰기 연습을 한다. 높새바람이라는 일반 교육과정 선상에서 우리 아이들도 쓰기와 색칠하기로 수업에 참여한다.

교육과정 수정의 방법은 다양하다. 아이의 수준에 맞게 학습도구에 변화를 주는 것, 같은 내용이지만 양을 줄이거나 난이도를 조정해 주는 것 등이 모두 교육과정 수정의 영역이다.

우리 아이가 다른 친구들과 같은 교육과정 안에서 본인이 할 수 있는 것을 하는 것은 중요하다. 일반 아이들은 '특수반 친구도 무언가를 할 수 있구나!'를 느끼며 친구를 대하는 태도를 바르게 할 수 있고, 우리 아이들도 할 수 있는 것, 해야 할 것이 있는 동안 아무것도 할 게 없어서, 심심해서 나타나는 도전행동(잠자기, 떠들기, 몸 흔들기, 관심을 끄는 소리내기 등)을 멈출 수 있다.

늘 고려해야 할 것은 '어떻게 하면 내 수업에 의미 있게 참여시킬 것인가'이다. 예체능(음악, 미술, 체육)의 경우는 수업 활동에 참여할 수 있는 내용을 계획하기가 용이하다. 사회, 도덕, 기술 가정(특수반이 있는 학교일 경우 국, 영, 수, 과학 과목은 대체로 특수반에서 수업을 받는다)과 같이 책상에 주로 앉아서 수업을 받는 경우는 다음과 같은 방법들이 있다.

1) 글씨 크기와 양을 조절하여 수업과 관련된 단어를 깍두기노트(8칸 노트 또는 10칸 노트)에 반복하여 적게 한다.
2) 소리 내어 읽기가 가능한 경우 수업 중 교과서 읽기 부분을 아이가 자리에서 일어나 읽게 한다.

3) 관련된 지도나 그림을 퍼즐 모양으로 잘라 맞추기 또는 같은 그림 찾기를 하게 한다.
4) 아이가 책상에 앉아 수업하는 것이 어렵다면, 책상에 앉아서 할 수 있는 것(플레이도우로 노는 것, 책상에 떨어져도 소리가 나지 않는 블록으로 같은 색을 맞추어 끼우는 것 등)을 찾아 앉아 있는 시간을 점차 늘려가는 것을 목표로 삼는다.

고려하여야 할 사항은 아이가 수업시간에 수정된 교육과정을 통해 하는 활동이 특수반 선생님이 작성한 아이의 개별화 교육과정의 목표와 일치해야 한다는 점이다. 따라서 우리 아이들을 위한 교수 학습과정을 설계할 때는 협력이 요구된다. 수행평가의 경우 우리 아이들에게 맞는 평가척도를 따로 만들어 아이들이 한 학기 동안 했던 학습지를 모은 바인더를 평가하거나(학습지를 다 모았으면 5점, 3장 부족하게 모았으면 3점 이런 식으로) 반복하여 적어 본 단어들을 읽고 다시 적어 보는 것으로 평가할 수 있다. 이 순간 교사에게 요구되는 것은 어떻게든 내 아이가 내 수업에 참여할 수 있도록 무엇인가를 찾아내는 창의력이다. 가장 좋은 교사는 내 수업을 듣는 '모든 아이'들에게 의미 있는 수업을 제공하는 교사다.

마침표 한 칸 띄고…
중1 사회 시간. 우리 반은 통합반이다. 사회교사인 나는 수업

시간 교실 뒷자리에 앉아 있는 5명의 특수반 아이들에게도 의미 있는 수업을 만드는 것이 목표다. "오늘은 높새바람에 대하여 배울 거야. ○○야, 일어나서 읽어 보자." 아이가 또박또박 큰 소리로 읽어나간다. 그리고 우리 반 아이들은 웃음을 참아 내느라 난리다. 한두 번도 아니어서 이미 익숙하지만 매번 ○○가 책 읽는 것은 재미있다. 왜냐하면 이 아이가 작은따옴표, 마침표, 느낌표, 쉼표, 괄호 열고, 괄호 닫고, 물음표 등을 모두 소리 내어 읽기 때문이다.

"이것을 작은따옴표 열고 높새바람 작은따옴표 닫고라고 한다. 마침표 한 칸 띄고…."

킥킥 아이들마다 웃음 한가득이다.

중학교 사회 시간

1999년 2월, 임용고시에 합격하여 중학교 발령이 났다. 통합교육이 갈 길임을 주장하고 있던 시절이라 발령 인사를 하러 간 학교에서 경사로를 발견한 순간, '여기는 특수학급이 있는 곳이 틀림없어!' 하며 감사했다. 2000년 3월부터 5월까지 우리 반을 포함하여 중1, 2, 3학년 3개 학년 통합반의 장애학생을 대상으로 연구를 시작한다. 국, 영, 수, 과학을 제외하고 나머지 시간에 통합반에 와서 수업을 받는 아이들은 사실 통합반 교실에서 아무것도 하지 않고 있었다. 그런데 아무것도 하지 않는 것은 바로 도전행동으로 나타나게 된다. 할 것 없는 심심

함에 맨 뒷좌석에서 엎드려 자고, 끼리끼리 떠들고, 때로는 전체 수업을 방해한다. 이것을 보는 다른 학생들 또한 우리 아이들이 아무것도 할 수 없으며 반 평균 점수만 떨어뜨리는 아이들이라고 생각한다. 나 자신을 포함하여 누군가가 멋있어 보일 때는 바로 의미 있는 무언가를 생산하는 순간이다. 그런데 우리 아이들은 이 의미 있는 무언가를 생산해 내는 것과는 관계가 멀다. 어떻게 하면 내 사회 시간을 모든 아이들에게 의미 있는 시간으로 만들 것인가가 숙제였다.

또래 교사가 될 친구와 짝을 맺어 앉게 한 후 아이들의 수준에 맞게 해야 할 것을 나누어 주기로 한다. 한 선생님은 "아이들에게 떠들지 말라고 입마개 씌우는 거랑 뭐가 달라?"라고 하셨지만, 이 작은 해야 할 것이 주는 효과는 상당하다. '높새바람', '강원도', '지방자치제' 등 그 시간 다른 친구들이 배우는 단어들로 깍두기 노트에 글쓰기 연습을 하고, 우리나라 지도를 도별로 색칠하고, 읽기가 가능한 친구는 교과서의 일부분을 큰 소리로 읽는다. 하나의 원칙은 가능한 한 그날 교실의 수업내용을 벗어나지 않고 같은 수업 내용의 범주 안에서 아이의 수준에 따라 '수정하여 Adjusted Curriculum' 할 수 있는 무엇을 하게 하는 것이다. 아이들이 연필을 들고 무엇인가를 하는 모습은 이것을 보는 다른 친구들에게도, 활동을 하고 있는 아이 본인에게도 영향을 준다. 우리 아이들도 할 수 있는 게 있다는 것을 보여 주는 것이고 수업내용과 관련 있는 한 가지를 배우는 시간이 되기도 한다.

연구를 위해 캠코더로 녹화한 수업에서 도전행동이라고 정의 내린 행동(잠자기, 떠들기, 돌아다니기, 소리내기 등)의 횟수를 세어 기록한다. 그리고 아무것도 할 것이 주어지지 않은 비실험집단보다 무엇이든 할 것이 있는 또래교수를 시작한 연구집단에서 도전행동 빈도 횟수가 확실하게 줄었음을 발견한다. 이처럼 일반적인 교실의 루틴에 우리 아이들을 참여시키기 위한 시작이 바로 '교과 수정하기'다. 가급적 최소한의 개입으로 가장 일반적인 루틴에 근접하도록 돕는 것이 목표다. 새로운 습관, 새로운 루틴을 몸에 익히기가 쉽지는 않지만 한번 몸에 익혀진 좋은 루틴은 다시 깨어지고 무너지기가 쉽지 않다. 사회 시간만큼은 일반학급에서도 의미 있는 시간을 보낼 수 있다는 루틴이 심어지고 있는 순간이었다.

18장
야단치기

아이가 여기저기 침을 뱉을 때, 상대방 안경을 확 잡아 벗겨 던질 때, 물건을 세게 던질 때, 누군가를 때릴 때 하루에도 여러 번 "하지 마, 안 돼"를 말한다. 그런데 "하지 마, 안 돼"라는 말을 들어도 그 말을 이해하여 도전행동을 멈추는 경우는 드물다. '야단맞다'라는 말은 '내가 때리면 내 친구는 아프고 기분이 나빠진다. 친구를 아프게 하면 안 된다. 이 행동은 나쁜 행동이다. 하면 안 된다'를 이해하는 것이다. 감정 읽기를 어려워하는 우리 아이들은 자신의 행동으로 인해 다른 사람이 화가 난다는 것, 기분이 나빠진다는 것을 이해하기 어렵다. 서로 화를 내지 않아야 좋은 관계를 갖게 된다는 것이 중요함을 이해하기 어렵다. 반면 이 사람이 왜 화를 내는지는 이해하기 어렵지만, 내 앞에 있는 사람이 큰 소리로 내 이름을 부르며 얼굴을 찌푸리고 나에게 얘기할 때 주변 상황이 이전과 달라지는 것(친구들이 모두 자신을 향해 보고 있다, 수업이 끊겼다, 자꾸 큰 소리로 내 이름을 부른다 등과 같이 평소와 다른 분위기, 변화)은 알기에 오히려 더 화를 내고 도전행동 빈도수가 늘어날 수 있다.

내 아이가 이 정도로 말하면 알아듣고 행동을 고쳐 주면 좋겠지만 아이는 섭섭하게도 엄마 마음, 선생님 마음을 이해해 주지 못한다. 감정을 이해하기가 어렵기 때문에 야단맞는 것의 의미를 이해하기 어렵다. 아무리 "하지 마"라고 얘기해도 반복해서 침을 뱉고, 때리고, 물건을 던질 때 한숨은 절로 나오고 어떻게 하면 좋을지 아무 생각이 들지 않는다. 이런 경우 아이에게 "아니야", "하지 마"를 말할 상황을 처음부터 만들지 말자. 아이는 내 등 뒤에 있을 때 그 1초 사이에 도전행동을 만든다. 늘 내 눈앞에 아이를 두고 관찰하며 물건을 던진 후가 아니라 던지려 하기 전에, 침을 뱉은 후가 아니라 뱉으려 하기 전에, 사람을 때린 후가 아니라 사람을 때리려 하기 전에 중재하여야 한다. 도전행동을 막 하려는 아이의 이름을 낮고 차분한 목소리로 "○○야" 하고 불러 관심을 다른 곳으로 옮기게 할 수도 있고, 손에 장난감을 쥐여 주며 관심을 옮길 수도 있다.

침 뱉기

아이는 체육관, 도서관, 교실, 복도 등 어느 장소에서나 침을 뱉는다. '침을 뱉지 않습니다'라는 주제의 상황 이야기 Social Story 책을 만들어 읽히는 것도, 빨간색 '하지 마!' 표(시각적 지원)를 만들어 보여 주는 것도, 침을 뱉을 때마다 무서운 얼굴로 "하지 마!"라고 얘기하는 것도 통하지 않는다(어떤 아이에게는 상황 이야기가, 어떤 아이에게는 '그만STOP!'이라고 적힌 작은 빨간 사인이 맞게 잘 사용되기도 한다. 아이마다 '야단맞다'를 이해하는 정도가 다르기에 내 아이가 잘 이해하는 방법을 찾는 것이 중요하다). 아이와 하루를 보낼 때 주된 일이 온종일 따라다니며 바닥에 뱉은 침을 살균제를 뿌려 닦는 것이 될 정도다. 어느 날 아이가 침을 뱉기 전에는 침을 뱉기 위해 머리를 바닥 쪽으로 숙인다는 것을 발견하여 아이가 머리를 바닥 쪽으로 숙이고 침을 뱉으려 할 때 바로 아이의 이름을 불러 주며 "○○야! 안 돼!"라고 이야기해 준다. 본인의 의지로 행동을 줄인 것은 아니지만 결과적으로 침 뱉는 행동의 횟수가 줄어들면서 차차 침 뱉기가 사라져 갔다. 도전행동이 발생한 후 행동을 야단치는 것보다 행동이 발생하기 전 그 행동이 일어나지 않게 하는 것이 더 중요한 이유다.

19장
자기 자극행동/상동행동(Stimming)

아이를 키우며 두 살이 넘어갈 즈음, '말을 더디게 해도 말하기는 좀 느릴 수 있지', '눈 맞춤이 어려워도 아이가 내성적일 수 있지' 하며 지나다가 첫째를 키울 때와 다른 행동인 자기자극행동/상동행동Stimming을 하는 것을 발견하게 되었을 때, 부모님들은 비로소 병원을 찾아가게 된다. 뒤꿈치를 들고 뱅글뱅글 돌기도 하고, 손가락을 퍼뜩퍼뜩 교차하며 눈앞에서 움직이기도 하고, 머리를 앞뒤로 또는 양옆으로 흔들기도 한다. 때로는 자신만의 움직임 패턴을 만들 때도 있는데, 예를 들면 기차를 트랙 위로 쭉 끌고 가다 매번 같은 위치에 서서 만세를 하거나, 천장을 쳐다보거나, 손뼉을 친 후 놀이를 반복하는 경우다.

원인을 정확히 알 수는 없지만 일정 부분은 앞에서 언급한 감각이상Sensory Issue과 연관되는 것으로 본다. 앞에서 설명한 것과 같은 맥락에서 한 번 더 이야기하자면, 아이는 어떤 부분이 필요 이상으로 예민하게 느껴져서 좀 덜 예민한 쪽으로 그래서 편해지는 쪽으로 움직일 수도 있고, 거꾸로 매우 덜 예민하게 느껴지는 부분이 있어서 그 부분을 강화하여 느낌이 편안함에 이르도록 반복된 행동을 보일 수 있다. 어떤 말로도 정확히 아이의 감각적으로 불편하여 편안함을 얻도록 하는 행동을 표현하기는 어렵겠지만, 분명한 것은 이 행동은 Self-Soothing/Self-Regulation(스스로 안정감 누리기/자기 조절기술)에 해당한다는 점이다. 나 자신에게 오는 스트레스를 감소시키기 위해 스스로 터득한 방법이기에 받아들여져야 한다. 단, 행동이 과격하여 자신을 다치게 하거나 옆에 있는 사람을 다치게 하는 경우는 아이 자신과 주변 다른 사람이 다치지 않도록 방법을 찾아야 한다. 머리를 벽에 자꾸 부딪히는 행동을 하는 경우는 보호 헬멧을 착용하기도 한다. 교실에서 자기자극행동이 관찰될 때 교사는 먼저 아이의 얼굴 표정을 확인한다. 웃는 얼굴로 하는지 찡그린 얼굴로 하는지를 살핀다. 그리고 아이의 행동이 자신과 남을 해치지는 않으나 어느 정도 공간이 필요한 정도라면 공간을 준다. 억지로 아이의 행동을 멈추게 힘을 가하거나 "그만"이라는 제지어를 사용하지 않는다. 가끔은 억지로 행동을 멈추게 하거나 "그만"이라고 말하는 교사의 행동이 아이의 자기자극행동을 오래 하도록 강화할 수 있다.

엄마의 걱정

과잉행동장애라는 단어가 어울리지 않는 한 아이의 엄마가 아침에 아이를 내려 주며 오늘 과잉행동장애 약을 먹였으니 아이의 도전행동을 관찰해 달라고 당부한다. 이 말을 들은 담임교사와 나는 동시에 서로를 보며 똑같이 의아한 표정을 짓는다. 지난 몇 달간 자폐 범주성 장애 특유의 특성만을 보여 온 아이에게서 과잉행동장애와 관련된 모습은 찾아보기 어려웠기 때문이다. 도전행동이라 보일 만한 행동도 없었기에 왜 약을 먹여야 했을지 하루 종일 궁금했다.

방과 후 아이를 데리러 온 엄마에게서 답을 얻는다. 엄마가 아이의 스티밍 행동(아이의 스티밍은 양팔을 위아래로, 양다리를 앞으로 쭉 뻗으며 퍼드득 하는 행동이다)을 보여 주며 "이렇게 하는 행동이 오늘은 줄었나요?" 하고 묻는다. 즉, 엄마는 큰 아이를 키우며 본 적 없는 작은아이의 이 행동을 '도전행동', 그래서 없애야 하는 행동으로 파악하고 있었다. 그 후로 시간이 지나 정기적인 부모 면담시간을 통하여 담임교사가 우리 아이들이 보편적으로 보이는 스티밍 행동에 대하여 설명을 해주었고 그제야 엄마는 아이의 행동을 이해하게 되었다. 밥을 먹을 때, 책상에 앉아 담임교사에게서 받은 학습지를 할 때 스티밍을 하기도 한다. 그럴 때면 충분히 버둥거릴 거리를 만들어 멀찍이 앉아 기다려 준다. 몇 초도 안 되어 바로 멈추고 원래 하던 학습지로 집중한다. 아마도 집에서는 자주 "그만해, 하지 마"

를 들었기에 더 오래 이 행동을 하게 되었을 것 같다. 보편적으로 스티밍은 없애거나 줄여 주어야 할 행동이 아니라 감각 이상에서 오는 자연스러운 행동으로 수용해 주는 것이 맞다.

교실에서 우리는 이렇게 말한다. "해로운 행동이 아니라면, 우리는 스티밍을 제지하지 않습니다. 이 행동은 아이 스스로 스트레스를 낮추도록 터득한 방법이기 때문입니다(We don't want to stop stimmimg if it is not harmful cause that is kind of self soothing and self regulation)."

20장
보완대체의사소통
(AAC/Augmentative and Alternative Communication)

의사소통을 스스로 하기 어려운 아이들의 경우 태블릿 PC(주로 아이패드)에 장착된 프로그램을 활용하여(내가 일하는 곳에서는 Proloquo2Go/TouchChat 이 두 가지 프로그램을 주로 사용한다) 의사소통을 할 수 있다. 아이에게 가장 유용하게 쓰이는 의사소통 도구가 되게 하기 위해 지켜야 할 사항은 다음과 같다.

1) 항상 들고 다닌다

태블릿은 아이의 입이다. 아이가 스스로 들고 다니며 적극적으로 편리하게 사용할 수 있기 전까지 항상 1대1 교사가 들고 다니도록 한다. 아이가 스스로 원하는 바를 누르며 기계를 잘 사용하기 전까지 아주 긴 '예를 계속 보여 주기$_{\text{Modeling stage}}$' 기간을 지나야 하기에 아이가 가는 곳이면 어디든 들고 다니며 수도 없이 자주 기계를 사용하도록 한다.

2) 스케줄을 알려 주는 용도로만 사용하지 않는다

'일상 대화'에서 성공 경험을 갖는 것이 중요하다. 물을 먹고 싶은데 '마시다'를 눌러 바로 물을 마실 수 있었다면, 화장실을 가고 싶은데 '화장실'을 눌러 바로 화장실을 갈 수 있었다면 아이의 만족감은 즉시 높아진다.

내가 하고 싶은 바를 말로 표현하고 그 일이 그대로 성취되는 것을 경험하는 것은 기본적인 인간의 욕구 중 하나이기에 삶의 질 향상과 면밀하게 연결된다. 나의 일상 대화를 생각해 보자. 남편과 말할 때, 아이들과 말할 때 그 일상대화에 "이것 하고 이것 하고 이것 할 거야"라는 계획과 순서에 해당하는 부분은 자주 언급되지 않는다. 하지만 태블릿을 잘못 사용하게 된다면 대부분을 "화장실 다녀와서 학습지 할 거야", "음악실 갔다가 밥 먹을 거야", "쉬는 시간 후에 도서관으로 갈 거야"와 같은 스케줄 제시용으로 사용하기 쉽다. 의사소통은 '자연스러움'이 기본이다. 스케줄을 알려 주는 것은 많은 대화 중 작은 일부분이 되도록 한다.

3) 놀이도구가 되지 않도록 한다

많은 경우 아이패드를 놀이용으로, 유튜브 시청용으로, 게임용으로 사용하기에 같은 아이패드를 의사소통용으로만 사용하도록 습관 들이기 어려울 때가 있다. 놀이용 아이패드로 다른 것을 정해 두는 한이 있어도 교실에서 아이의 아이패드는 오로지 의사소통도구로만 사용되도록 정해 놓고 지키는 것이 중요하다.

4) 아이 앞에!

프로그램을 빨리 익혀서 자주 사용하는 버튼이 어디에 있는지 기억하자. 교사가 버튼을 누르는 '모델링' 단계라면 눌러야 하는 버튼의 위치를 확인한 후 아이 앞에 아이패드를 놓고 아이가 보는 앞에서 누르며(또는 같이 누르며) 이야기를 이어가는 것이 중요하다. 항상 아이가 손가락을 뻗어 스스로 버튼을 누르기 쉽도록 아이 앞에 두는 것이 중요하다. 잘못 사용하면 버튼은 내가 누르고 태블릿은 학생이 보지 않는 내 앞에 두고서 말로만 아이와 대화를 이어가는 경우가 발생할 수 있다. 실제 교실에서 교사들이 가장 많이 하는 실수 중 하나다.

점심시간 이용방법

아이가 학교에 도착하면 가장 먼저 하는 일이 아이의 책가방에서 아이패드를 꺼내 의사소통용으로 사용할 준비를 하는 것이다. 집에서는 놀이용으로 주로 사용하기에 첫 화면은 항상 유튜브가 펼쳐질 때가 많다. 먼저 의사소통을 위한 소프트웨어를 첫 화면에 두고 볼륨을 높여 교실에서 사용하기 적정하도록 맞춘다. 그리고 아래에 있는 동그란 가운데 버튼을 세 번 연속 눌러 아이가 실수로 다른 화면으로 가지 않도록 '보안설정Guided access' 기능을 활성화한다(해제하기 위해서는 다시 세 번 클릭하면 된다).

올해 맡게 된 아이가 장소를 이동하고 다음 활동으로 행동을 이행하는 데 큰 어려움이 없기에(보통 이 부분에서 어려움이 있는 경우에는 따로 만들어진 스케줄표를 이용하여 다음에 할 것을 알려 준다. 아이패드를 오로지 자연스러운 의사소통용으로만 사용하려는 나만의 방법이다) 이름을 불러 주며 "화장실 가자"라고 말로만 알려 준다(보통 긴 시간 차를 타고 등하교하기에 학교에 도착하자마자, 그리고 집으로 가기 전에 꼭 화장실을 간다).

아이패드를 가장 멋지게 사용하는 시간은 점심시간이다. 자연스러운 대화가 중요하다. "○○야, 오늘은 카레라이스네~('점심/밥' 버튼을 누르며) 진짜 맛있겠다('맛있다' 버튼을 누르며)", "오늘도 기차랑 같이 할까(늘 손에 들고 있는 기차를 주고 '기차/칙칙폭폭' 버튼을 누르며)", "물 마시기도 잊지 마세요('마시다/물' 버튼을 누르며)."

이렇게 대화를 끊임없이 하며 점심을 먹는다. 아직은 누르기를 내가 하고 모델링을 보여 주는 단계인데 감사하게도 오늘은 스스로 '크래커' 버튼을 밥 먹는 중간에 누른다. 반갑고 기쁜 시도여서 바로 대화로 이어갔다. "크래커가 먹고 싶구나? 좋아!('예' 버튼을 누르며) 그런데 밥('밥' 버튼을 누르며) 먼저 먹고 크래커('크래커' 버튼을 누르며) 한 조각 먹자"라고 해준다. 그러더니 오후 책상에 앉아 학습지를 하고 있는 동안에는 늘

앞에 두는 아이패드에 손가락을 뻗더니 '놀이Play' 버튼을 누른다. 바로 대화로 이어간다. "어머! 지금 놀고 싶구나!('놀이' 버튼을 다시 누르며) 그래('예' 버튼을 누르며), 우리 이것만 끝내고 놀자('책상과 놀이' 버튼을 순서대로 누르며)." 그리고 원래 하고 있던 셈하기를 끝내고 바로 쉬는 시간을 준다. AAC를 통한 의사소통은 학교에서만 연습되어서는 충분치 않다. 부모님께 학교에서 어떻게 활용하는지 보여 드리고 가정에서도 자연스럽게 사용하실 것을 권유한다.

오히려 방해가 될까 걱정돼요

가끔 언어치료사의 제안을 통해 AAC를 처음 사용하게 되는 부모님에게서 "이것을 사용하면 자연스럽게 말하는 게 오히려 늦어지지 않을까요?", "기계에 의존하게 되면 스스로 말하기는 더 늦어지지 않을까요?"라는 질문을 받는다. 전문언어치료사의 마음을 다 표현해 드릴 수는 없지만 내 경험을 토대로 나는 이렇게 답변드린다.

"어머니, 아이는 이 도구를 통해 말하는 기쁨을 알게 될 거예요. 말하는 기쁨이 주는 즐거움이 너무 크기에 그 기쁨이 커질수록 자연스러운 대화를 위한 스스로의 노력도 늘어나게 될 거예요. 도구를 사용을 하는 장점이 아이가 표현하지 못해 스트레스가 늘어나는 단점보다 큽니다. 함께하는 어머니도 편해진답니다."

21장
다시 처음부터!

지난 1년간 같은 스케줄을 잘 따르며 큰 어려움 없이 지내다 어느 날 갑자기, 정말 원인을 못 찾을 만큼 갑자기(늘 원인은 있지만 그 원인을 찾기 어렵다) 아이가 아무것도 못 하는 상태가 될 때가 있다. 책상에 앉기도 어렵고, 끊임없이 발로 차고 물건을 던지고, 없었던 도전행동들이 모두 나타난다.

 1년 가까이 함께했던 보조교사를 밀어내고, 어떤 학습도 이루어지지 않는, 아무런 루틴 없이 지내던 학교에 처음 온 바로 그날의 상태처럼 되어 버릴 때가 있다. 원인을 빨리 찾을 수 없다면 원인 찾기는 일단 멈추고 지금 상황을 바꾸기 위한 무엇인가를 해야 한다. 이때 교실에서 사용하는 말은 "다시 처음부터!"다. 학교에 온 그 첫날에 기본적인 루틴 세우기부터 했던 것처럼 가장 기본부터 다시 세워나가야 한다. 모든 것을 잘하던 아이가 하루아침에 바뀌어서 마음은 속상하지만, 다시 루틴을 잡아가는 것이 처음보다 힘들지만 그래도 우리가 할 수 있는 한 가지는 다시 처음부터 시작하는 것이다.

놀기 먼저 그리고 학습

지난 1년간 가장 큰 발전을 보여 준 아이가 겨울방학이 지나고 나서부터 갑자기 아무것도 안 하는 아이가 되었다. 책상에 앉아 최소 5분씩 읽기, 쓰기, 셈하기 학습이 이루어졌던 아이가 책상에 앉기는커녕 물건을 던지고 때리고 발로 차고 소리를 지르고 도전행동을 보인다. 원인을 알면 좋겠지만 부모님과의 면담에서도 딱히 원인을 발견할 수 없다.

오늘부터 다시 시작이다.

아이가 충분히 몸을 움직이고 나서 Body Break 잠시 책상에 앉는 것이 가능하다는 것을 발견했다. 프리맥 원리를 거꾸로 적용하여 책상에서 학습 후 놀이가 아니라 충분히 논 후 책상 앉기를 한다. 바퀴 달린 것에 타고 돌아다니는 것은 좋아하기에 끌개(아이를 태울 수 있는 바퀴가 달린 플라스틱 끌개 Wagon)에 태우고 복도를 15분 동안 돈다. 그리고 모래 놀이를 3분 한다. 아이가 몸에 묻은 모래를 털기 위해 의자에서 일어날 때 자연스럽게 교실 책상으로 이동하여 딱 한 가지 아이가 평소에 좋아하던 학습지를 끝낸다. 30초가 되어도 괜찮고 10초가 되어도 괜찮다. 잠시라도 앉아서 한 장짜리 학습지(그림을 보고 맞는 단어를 찾는 학습지)를 끝내면 바로 '먼저-다음판'에 책상그림을 떼어내며 '끝'을 말해 주고 끌개로 돌아온다. 지난 한 달간 끌개를 타는 시간은 조금씩 줄고 책상에 앉는 시간은 길어지고 있다. 학교에서 아이의 하루는 '끌개 타기-책상'을 반복하고 있는 중이다. 아주 작은 사이클이지만, 몸풀기 뒤 책상 앉기의 반복만 잘 되면 이것에서부터 더 나은 스케줄을 쌓아 올라갈 수 있다. 아이가 할 수 있는 것 한 가지만 찾아내면 그것에서부터 견고하고 의미 있는 루틴 만들기는 시작된다. 학교에 머무는 내내 아이의 '먼저-다음판'에는 책상 사진과 끌개 사진만 있다. 두 그림의 위치를 바꾸어가며 이 단순한 일과를 반복한다. 그리고 조금씩 아이가 편해지는 만큼씩 끌개를 끌고 돌아다니는 시간은 줄여가고 교실에서 머무는 시간을 늘려간다. 지금 당장 이 아이를 위해 할 수 있는 최선이다.

끊임없이 몸을 움직여 주기

이전보다 몸을 더 많이 움직여 주어야 안정감을 갖는다는 것을 깨닫는 데 오래 걸리지는 않았다. 도전행동을 심하게 보이기 전, 평소보다 많이 세게 눌러 주는 마사지(Deep pressure 마사지)를 해주고 걷기, 달리기, 그네 타기 등 몸 운동을 많이 하게 한다. '끌개 타기-책상'의 반복을 하기 어려운 상황이 있다. 앉아서 오늘 과학 시간의 주제를 다룬 영상을 볼 때도 있고, 다 같이 앉아 오늘의 날짜와 날씨를 노래로 말하는 시간도 있다. 영상을 보기 위해 소파에 앉아 있을 때는 두 발 아래에 큰 요가 볼을 대고 발목을 잡고 계속 바운스해 주며 몸의 한 부분이 끊임없이 움직일 수 있게 해준다. 카펫 시간에는 회전의자에 앉혀서 끊임없이 의자를 뱅글뱅글 돌려 몸을 움직이게 해준다. 체육 시간에도 스쿠터보드에 태워 스쿠터보드를 끌어주며 몸이 계속 움직이는 느낌을 갖게 해준다. 하루가 몹시 바쁘지만 이 시간도 줄어가고 지나가진다는 것을 알기에 아이를 움직이게 하기 위해 내 몸을 바삐 움직인다. "어떻게 아이의 몸이 계속 움직여지게 할 수 있느냐?"라고 반문할 수도 있다. 이렇게 하여 지금 아이의 도전행동을 줄일 수 있다면, 지금 아이를 편하게 해줄 수 있다면, 지금 나의 계획 아래서 이 시간이 가고 있다면 내 몸이 당장은 힘들어도 이 시간은 이렇게 흘러가야 한다. 한 가지라도 루틴을 세울 수 있으면 머지않아 줄여가고 늘려가며 더 좋은 루틴을 세워갈 수 있기 때문이다. 그래서 의미가 있다.

3부

더 나은 교육을 위한 팁

1장
기록의 중요성

특수교육에서 또 하나 중요한 부분이 관찰과 기록이다. 아이가 오늘 한 것을 적어나갈 때 그것이 쌓여 IEP(개별화교육과정 Individualized Education Program, 특수교육의 꽃이라고 불리는 중요한 자료다. 특수교사에 의하여 작성되는 교육과정으로 아이의 특성에 맞게 개별적으로 작성된다. 학기 초 교사는 개별화교육과정을 작성하고 학부모와의 회의를 통해 결정한 뒤 이에 따라 1년의 프로그램을 설계한다)를 작성하는 데 중요한 자료로 사용된다. 학습에 관한 것을 기록할 때는 아이가 1에서 10까지 중 얼마만큼 독립적으로 수행하였는지, 몇 회 반복했을 때 몇 번을 혼자 하였는지, 책상에 앉아 집중하는 시간이 어느 정도인지, 지금 하고 있는 수행 수준이 어렵거나 쉽지는 않은지 세심하게 기록한다.

학부모와 대화를 매일 길게 할 수는 없지만, 오늘 있었던 일을 짧게라도 적어서 서로 교환할 수 있는 의사소통 기록지(알림장)를 만드는 것도 좋다. 매일 부모에게 전달되는 알림장의 경우는 하루의 스케줄에 따른 아이의 수행 정도를 긍정적인 내용으로 적어나가는 게 좋다. 하루를 지내며 어제와 달라진 것을 놓치지 않고 관찰하여 기록하는 것은 교사의 일과 중 중요한 부분이다. 아이가 때리거나 무는 등 신체를 상하게 하는 도전행동이 있는 경우는 횟수와 시간대를 기록한다. 가끔이 짧은 기록이 서로 이해가 상충되는 갈등 상황이 오게 될 때 중요한 증거자료가 될 수도 있다.

교사의 중요한 자질 중 하나가 눈썰미다. 물론 기록하는 시간을 갖기 위해, 내가 무언가를 적는 동안 아이를 혼자 두게 하거나, 아무것도 하지 않고 있는 상태로 방치해서는 안 된다. 그래서 짬짬이 남는 시간도 허투루 쓸 수 없는 바쁜 하루를 보내게 된다. 더 좋은 교육 계획을 세우기 위해서도, 갈등 상황이 나타나기 전 학교와 가정 사이에서 원활한 의사소통을 하기 위해서도 기록은 중요하다.

새로운 시도, 오이

사소한 것 같지만 전혀 사소하지 않은 것이 우리 아이들의 먹거리다. 워낙 까다로운 우리 아이들이 먹을 수 있는 새로운 것을 찾아내는 것은 엄마의 중요한 임무다. 그러다 보니 우리 아이들의 도시락은 1년 내내, 어쩌면 3년 내내 똑같다. 엄마가 새로운 시도로 오이를 썰어 보낸다. 그리고 아이는 바로 뱉어 버린다. 때로는 새로운 시도가 통할 수도 있고, 아닐 수도 있다.

"오늘 ○○가"로 시작되는 평상시에 오가는 가벼운 의사소통이 매우 중요하다. "○○가 오늘 보내 주신 오이를 씹는 것은 시도를 했지만 즉시 다 뱉어 버렸네요. 내일 더 작게 썰어 주시면 다시 시도해 보겠습니다." 전화로, 혹은 교실에서 대화 나누기가 매번 적절하지는 않기에 서로 노트를 주고받는 것이 좋은 팁이 된다.

쉬/응가 훈련

대소변 훈련이 시작될 때 제일 먼저 해야 할 일은 알림장 맨 뒷장에 표를 그리는 것이다. 날짜, 시간, 쉬, 응가를 체크하는 표를 그리고 한 시간마다, 혹은 한 시간 반마다 체크한다. 이 기록지로 아이의 화장실 패턴을 알아낼 수 있고, 알림장을 읽는 가정에서도 학교 훈련의 연장선상에서 아이를 똑같은 패턴으로 훈련할 수 있어서 도움이 많이 된다.

BI 훈련을 받는 경우

아이의 장애 정도에 따라 개인적으로 ABA(응용행동분석 Applied Behaviour Analysis)를 전공한 BI(도전행동전문가 또는 행동전문가 Behaviour Interventionist) 전문가의 도움을 받는 경우가 있다. 이 경우 2주에 한 번 또는 한 달에 한 번 BI 전문가와 상의를 하며 프로그램을 조정해 간다. ABA 지도 방법의 특성상 전문가를 통해 긴 기록지를 여러 장 받게 되는데, 활동이 끝날 때마다 거의 5

분에 한번 꼴로 기록하기가 쉽지 않다(하루 동안 아이의 활동을 체크하는 양이 총 100개를 넘어간다). 보통 아이의 책상 앞 벽면에 기록지를 붙여 놓고서 매 활동이 끝날 때마다 즉시 V나 /로 체크한다. 상황에 따라 기록지를 어디에 두느냐는 달라지겠지만 자신이 빨리, 즉시 체크할 수 있는 장소에 두는 것이 좋다.

2장
전문가들의 도움 받기

우리 아이들은 태어나 많은 전문가들을 만난다. 언어치료사, 작업치료사, 물리치료사, 학교 선생님, 행동문제 전문가, 상담치료사, 음악치료사, 미술치료사, 놀이치료사 등 특수교육과 관련 있는 많은 전문가가 있다. 아이들을 바라보는 관점은 전문가에 따라 다르며, 전문가로서 갖고 있는 각기 다른 전문지식이 모여 아이들에게 최상의 교육환경을 줄 수 있다.

보통 부모가 아이의 장애진단명을 처음 듣게 될 때 만나는 의사, 심리상담 전문가는 정확히 진단하는 것을 중요하게 생각한다. 관찰과 상담, 여러 가지 검사를 통해 아이를 정확하게 진단하는 것은 매우 중요하다. 그리고 이 장애진단명을 가지고 특수교사를 만나게 된다. 특수교사도 아이를 진단한다. 그런데 이 진단은 의사 또는 심리상담 전문가의 진단과는 다르다. 어떤 특수교육 전문가는 진단이 특수교육의 전체라고 말하기도 한다. 시간을 두고 천천히 진단하는 이유도 아이에게 정확한 특수교육 서비스를 주기 위해서다. 특수교육에서 진단은 장애의 이름을 진단하는 것보다는 아이를 관찰하고 강점과 약점, 좋아하는 것과 좋아하지 않는 것을 찾아내고 앞으로 가르칠 내용에 대한 계획을 세우는 것이다. 개별화 교육 프로그램IEP/Individualized Education Program을 세우기 위해 아이가 지금 할 수 있는 것이 무엇인지, 좋아하는 것은 무엇인지, 무엇을 가장 우선적인 교육 목적으로 하여야 하는지, 학부모가 교육을 통해 얻고자 하는 기대사항은 무엇인지에 집중한다. 장애명을 듣고 청천벽력을 맞은 것 같은 기분을 뒤로하고 교사 앞에 앉은 엄마와 '어떻게 아이를 살아가게 할 것인가', '이 아이에게 무엇을 가장 먼저 가르칠 수 있을까'를 함께 찾아가야 한다. 특수교사는 이렇게 중요한 존재다.

교실에는 다양한 장애명을 진단받은 아이들이 있다. 하지만 읽기, 쓰기를 가르치는 교수법이 그 장애명에 따라 많이 달라지지는 않는다. 아이들의 학습 수준과 좋아하는 것이 무엇인지, 학습목표가 무엇인가에 따라 가르치는 방법에 차이가 있을 뿐, 아이의 장애진단명 따라 다른 교수법이 있는 것은 아니다. 그래서 교실 현장에서 장애진단명은 첫날 아이를 이해하는 것으로 충분하다. 그 후 우리가 해야 할 것은 아이가 무엇에 강점이 있고, 무엇을 좋아하고, 어떻게 가르칠 것인지를 연구하는 것이다. 물론 장애 특성에 따라 제공되고 제시되는 방법은 다를 수 있다. 시각장애 학생에게 제시하는 교재는 다르다. 학습장애 학생 중에서도 읽기에는 어려움이 있지만 듣기는 쉬운 아이에게는 그 아이에 맞는 방법을 찾아 교수하여야 한다. 어떤 장애의 모습을 가졌어도 아이가 배울 수 있는 방법을 찾아내고 가르치는 것이 특수교사의 역할이다.

3장
등 뒤가 아니라 내 앞!

아이들과 시간을 보낼 때 기본적으로 명심해야 하는 한 가지를 말하라고 하면 나는 주저 없이 이것을 말한다. "아이를 뒤에 두지 마세요. 항상 앞에 두세요!" 이 간단한 하나를 잘 지키는 것이 수많은 좋은 것들을 가져다주기에 반드시 이렇게 하라고 한다.

먼저, 안전이다. 참 이상하고 신기한 것이 우리 아이들은 너무도 정확하고 재빠르게 교실에서 빠져나갈 때를 알고, 선반 위에 올라갈 때를 알고, 가위를 던질 때를 안다. 모두 다 내가 한눈을 팔고 있거나 보지 못하고 있는 1초 동안이다. 삼산 못 본 사이 다치기도 하고, 누군가를 다치게 하기도 하고, 교실에서 밖으로 아무 소리 없이 나가 버리기도 하고, 어떤 것을 던지기도 한다. 모두 안전에 대한 부분이다. 단지 아이가 내가 보는 곳, 내 앞에 있기만 하여도 이 부분을 줄일 수 있다.

두 번째는 도전행동 감소다. 도전행동이 나타날 때 처음으로 해야 하는 것은 이 행동이 나타나기 전 어떤 환경이 이루어지는지를 아는 것이다. 그래서 원인이 되는 환경을 미리 만들어 주지 않는다면 자연스럽게 도전행동이 감소할 수도 있다. 대부분 아이를 잘 관찰하여 도전행동을 일으키는 환경이 만들어지기 전에 그 상황을 없앨 수가 있다. 그런 환경을 없앤다면 도전행동의 빈도가 줄고, 도전행동의 빈도가 줄 때 아이 본인이 갖는 효용감도 늘어날 수 있다.

많은 도전행동들이 교사의 등 뒤에서 일어나고, 교사는 일이 발생한 뒤에야 수습을 할 때가 많다. 도전행동이 나타나기 전 나타날 환경조차 만들고 싶지 않다면 아이를 내 앞에 두어야 한다. 내가 아이를 볼 수 있는 위치에 반드시 있어야 한다. 매일 반복해야 하는 중요한 일 중 하나가 아이가 할 교재를 오리고 붙이고 하는 일이다. 가르칠 교재를 오리느라 집중하고 있을 때 아이는 내 등 뒤에서 자동차 박스를 다 엎어 버리고, 옆 친구를 때리고, 조금 열린 문으로 달려 나간다.

그래서 내가 권하는 방법은 교재는 미리 아이가 없을 때 오려두고 준비하여야 한다는 점이다. 집중 시간이 너무나도 짧은 우리 아이들이 어쩌다 책상에 앉아 무언가를 하고 싶어 하는데 그 귀한 시간에 아이를 옆에 앉혀 놓고 가위로 교재를 준비하기 시작한다면, 진짜 교육을 시작할 즈음에 우리 아이는 벌써 다른 곳으로 가고 없다. 쉽지 않지만, 어려운 일이지만, 우리 아이들을 위해서라면 시간을 쪼개고 쪼개어 1초도 바쁘게 써야 한다.

슈렉

점심시간 30분. 어떻게 담당보조교사의 쉬는 시간을 알고 그때 어김없이 사고를 친다. 손에 펜이 있으면 순식간에 사방팔방 온 곳을 돌아다니며 색칠을 하는 이 아이에게 약속 없이, 교사의 관찰 없이 펜을 주지 않는다. 그런데 잠깐 내가 쉬는 시간에 오늘 처음 온 실습생이 아이에게 매직을 주고야 말았다. 휴식 시간이 끝나고 교실에 도착했을 때, 아이는 얼굴, 팔, 다리가 온통 초록색이 되어 슈렉으로 변신한 채 활짝 웃으며 나를 기다리고 있다. 너무나 귀엽기만 한 녀석을 혼낼 수가 없다.

눈 100개, 손 100개

하루 중 아이가 언어치료, 물리치료, 작업치료, 음악치료 등을 받으러 이동한 30분이 바로 알림장을 정리하고 며칠간 사용할 교재를 오리며 준비물을 만드는 시간이다. 그런데 종종 그날의 주세에 따라 담임교사가 새 학습지를 나누어 주고 지금 오려서 바로 시작해야 할 때가 있다. 이럴 때는 눈과 손이 바쁘다. 손은 가위질을 하면서 눈은 교실 저쪽에서 장난을 치고 있는 우리 아이에게서 떼지 않는다. 지역사회에 대해 배우는 날이어서 경찰서를 오리려는 순간 아이의 손이 선반 위를 향하더니 무거운 자동차 박스를 한 손으로 꺼내려는 모습이 포착

된다. 바로 쏜살같이(진짜 날아가듯) 달려가서 "이것이 필요하구나?" 하고 물으며 내려준다. 못 봤으면 분명히 바닥에 다 쏟아졌을 것이고, 그 소리에 놀라 엄청 화를 내며 그다음 도전행동으로 이어졌을 것이다. 늘 하는 말, "눈이 100개, 손이 100개가 있었으면 좋겠어!" 하는 순간이다.

4장
기본적인 의료지식

교실에서 일하면서 자주 드는 생각이 있다. 간호사 관련 공부를 조금이라도 했으면 좋았을 것 같다고…. 안타깝게도 우리 아이들 중에는 전문적인 의료지식이 있으면 효과적으로 도울 수 있는 경우가 있다. 이에 따라 내가 근무하는 학교에서는 1년에 두 번 간호사가 방문하여 알레르기 쇼크와 뇌전증 발생 시 대응 방법과 기본 심폐소생술을 교육한다.

    당뇨가 있는 경우는 인슐린 주사하는 법을 배워야 하고, 튜브를 장의 일부분과 연결하여 착용한 경우는 튜브를 이용하여 음식을 먹이거나, 튜브를 이용하여 분비물을 제거하는 방법을 배운다. 장 주머니를 차고 있는 경우 환부를 소독하는 법을 알고 있어야 하고, 정기적인 약 복용을 하는 경우 학부모와 정확한 정보를 주고받으며 약을 주어야 한다. 알레르기 쇼크가 오는 경우를 대비하여 에피펜을 사용하는 방법을 연습하고 만약의 경우를 대비하여 기본 응급처치에 대한 과정을 간호사를 통해 배운다. 이 과정에는 물론 심폐소생술이 포함된다. 기본적으로 뇌전증에 대한 공부는 꼭 하기를 바란다. 현장에서 부재발작Absence seizuires(과거 소발작으로 불림)부터 전신성 강직-간대성 발작Generalized tonic-clonic seizures(과거 대발작으로 불림)까지 만날 수 있기 때문이다. 뇌전증이 발생하였을 때 반드시 지켜야 할 것은 다음과 같다.

    3-4초간 멍하니 한 곳을 바라보며 모든 것을 멈춘 상태에서 다시 제자리로 돌아오는 부재발작의 경우는 하루에도 여러 번 지나갈 수 있다. 이 경우는 따로 기록지를 만들어 얼마나 자주 발생하고 오래 지속되었는지를 적어야 한다. 이런 부재발작의 모습이 아니라 온몸의 경련을 동반한 전신성 강직-간대성 발작시에는 먼저 아이가 부딪혀 다칠 만한 것이 없도록 안전지대를 만든다. 그리고 동시에 마음으로는 숫자를 세며 아이의 발작이 얼마나 오래 지속되었는지를 말해 줄 수 있도록 한다. 주변 사람들에게 다른 사람을 불러 달라고 요청하여 전체 과정에 관찰자가 혼자가 되지 않도록 하고 응급차도 함께 부른다. 동시에 아이의 머리를 옆으로 돌려 기도를 확보하고 이물질이 들어가지 않도록 한다. 절대로 신체적인 압박(누르기나 흔들기 등)을 주어서는 안 된다. 눈으로 입 주변을 보아 거품을 올리는지도 파악한다.

    동시에 해야 할 일이 많기에 기본적으로 지켜야 할 것은 침착함이다. 반드시 기록지에 기록하고, 발작이 끝나면 대체로 깊은 수면 상태에 들기에 주변을 조용하게 유지하여 준다. 간호사를 통해 전문적으로 훈련을 받았을 경우에는 아동이 개인적으로 지닌 응급함에서 개인 약을 꺼내 입안 뺨 쪽으로 넣어줄 수도 있다. 이 경우는 반드시 전문 간호사를 통해 훈련을 받은 사람만 시도한다.

5장
아주 많이 좋아하는 것은 아닌 것

때로 우리 아이들은 너무 좋아하는 일을 할 때, 기분이 너무 좋을 때 특정 호르몬이 과잉 분비되어 도전행동을 보일 수 있다. 관찰을 통해 내 아이가 좋아하는 것이 무엇인지 리스트를 만들며 찾아내는 것은 중요하지만, 과도하게 좋아하여 전환에 방해가 되는 경우에는 사용하지 않거나 줄여야 한다.

운동장에서 교실로 가야 하는 시간, 종은 쳤고 모두들 교실로 들어갔는데 한 아이가 건물 안까지는 들어왔지만 바닥에 누워 꼼짝하지 않는다. 이때 실습생 한 명이 주머니에서 비눗방울을 꺼내 불기 시작하고 분위기가 환기되면서 아이가 일어났다. 그런데 실습생은 계속 비눗방울을 불려고 한다. 여기서 빠른 결단을 내려야 한다. 나는 눈짓으로 살짝 웃어 보이며 '이제 그만이요'를 보냈고 얼른 이해한 실습생은 바로 주머니에 넣는다. 왜냐하면 이 아이가 비눗방울을 극도로 좋아해서, 한 번 시작하면 멈출 수가 없고 비눗방울을 멈추고 새 활동을 시작하기까지 다시 엄청난 씨름을 하여야 하기 때문이다.

"우와! 우리 ○○가 잘 일어났네~ 교실까지 누가 빨리 가나 해볼까(복도에서 뛰면 안 되지만 말이다)" 하고 다시 분위기를 바꾸어 얼른 교실까지 후다닥 들어와 버린다. 공룡이든 자동차든 그냥 좋아하는 것이어서 동기부여가 되는 것 정도면 훌륭하지만, 지나치게 너무 좋아하는 것이어서 도전행동의 원인이 될 경우 그것이 무엇인지를 파악하여 그 상황을 피하도록 하는 것도 도전행동의 발현을 줄이는 방법이다.

숫자가 너무 좋은 아이

내가 일을 시작한 지 세 번째 되는 해 만나 1년을 함께한 아이가 있다. 지금은 고학년이 된 아이가 발버둥 치며 소리 지르는 모습은 이제 모두에게 익숙하다. 나와 함께했던 몇 년 전만 해도 숫자 세기를 (적당한 레벨로) 좋아해서 공간을 이동할 때, 화를 진정시킬 때, 책상에서 학습활동을 해야 할 때 높은 숫자에서 낮은 숫자로 세는 것(199, 198, 197, 196…)이 도움이 되기도 하였는데 어느 순간 정도가 너무 심해져서 숫자 중독의 모습을 보인다.

전자레인지 소리가 '땡!' 하고 들리면 어디에서든 총알같이 전자레인지 앞으로 달려가 숫자가 하나씩 떨어지는 것을 보며 손뼉을 치고 소리를 지르고 방방 뛴다. 그러다 숫자가 멈추면 빨리 번호를 눌러 다시 시작을 누르고 하루 종일 그 앞에서 떠

날 수가 없다. 모든 선을 빼보기도 했지만 이제는 콘센트 연결 방법까지 알아서 소용이 없다. 결국 복도에서 전자레인지가 보이지 않도록 위치를 모두 옮긴다. 어느 날 갑자기 처음 보는 사람의 손목에서 디지털시계를 발견하게 되면 바로 뛰어가 손목시계만 보며 흥분한다. 처음 보는 분에게 양해를 구하고 시계를 주머니로 잠깐 옮겨 주실 것을 요청한다. 이처럼 극도로 좋아하는 것이어서 아이의 일상생활에 방해가 된다면 먼저는 그것을 접하는 횟수를 줄여 주어야 한다.

6장
너무 어렵지도 쉽지도 않은 목표

담임선생님은 아이의 개별화교육과정IEP을 만들고 학부모 및 여러 다른 분야의 선생님들과 회의한다. 그리고 이 회의에서 결정 난 학습 영역의 목표에 도달하기 위해 세부적으로 해야 할 것(언어 영역, 셈하기 영역, 사회/과학 영역 등이며 대체로 학습지 형태)을 만들어 각 보조교사에게 전달한다. 이때 하루에도 여러 번 담임선생님이 물어보는 질문은 "괜찮았어? 너무 쉽거나 어렵거나?"이다. 이것이 학습을 시작할 때 중요한 고려사항이다. 우리 아이들이 책상에 앉아 있는 시간은 너무나 순간(30초 미만일 수도 있다)이기에 그 귀한 시간을 딱 정확하게 배움으로 연결시키려면 아이의 학습목표가 아이의 수준에 딱 맞아야 한다. 너무 쉽지도 않고, 너무 어렵지도 않아서 배우는 것 자체가 흥미와 동기가 되도록 해야 한다. 그렇지 않으면 번개처럼 책상에서 일어나 멀리멀리 떠나 버린다.

아이가 학습지를 너무 빨리하며 지루해하는가? 다른 방

법을 찾거나 수준을 조금 높여 주자. 아이가 하지 않으려 하고 도망가려고만 하는가? 아이가 좋아하는 것으로 먼저 시작을 해주고(예를 들면 좋아하는 책을 짧게 같이 읽어 주거나, 자동차 놀이를 잠깐 책상에서 하면서 주의를 끈다) 수준을 조금 낮춰서 다시 하자.

책상에서의 시간을 정하는 것도 중요하다. 한 달 정도 아이와 함께하다 보면 책상에서 평균 집중시간이 5분이 최대치인지, 10분이 최대치인지를 알 수 있게 된다. 아이의 집중시간을 늘리는 것은 생각보다 어렵다. 아이가 할 수 있는 집중시간 안에서 가장 효율적으로 해야 할 것을 잘 끝낼 수 있도록 하자. 매번 나에게 물어야 한다. 지금 내가 하고자 하는 것이 내 아이에게 너무 쉽지는 않은가? 너무 어렵지는 않은가?

펜은 아직

유치부로 입급되는 경우 우리 교실이 인생 첫 공동체 생활이며 첫 학교인 아이들이 있다. 이런 경우 기존에 작성된 아이의 학습 수준에 대한 자료가 없다. 무엇을 처음부터 해야 할지를 알아보기 위해 첫 몇 주간은 관찰과 기록의 시간(진단)을 갖게 된다.

올해 새로 맡게 된 아이도 수준을 파악하기 위한 넉넉한 정보가 없는 상태다. 우선 펜을 주고 선 긋기를 시작해 본다. 펜을 주먹 쥐듯 잡아 아무렇게나 휘갈기기가 가능하다. 한 3초 정도 펜으로 논 후 바로 의자에서 일어난다. 담임선생님과 의논 후 펜 사용 전 단계인 모래판에 손가락으로 위에서 아래, 왼쪽에서 오른쪽으로 선 긋기부터 시작한다.

CVC부터

표현언어에 어려움이 있는 아동의 학습 수준을 알아보는 것은 쉽지 않다. 외국에서 살다가 최근 이사 온 아이가 왔다. 첫 학교이다 보니 이전 교육 기관에서 받아오는 학생 정보가 아무것도 없다. 이런 경우 우선 알파벳을 어느 정도 아는지를 알아본다. 담임선생님이 준 알파벳 카드로 평가를 시작한다. "A 주세요", "K 주세요" 순서를 지켜 요구하면 암기에 의존하여 자동적으로 집어 주는 경우도 있기에 알파벳 순서를 바꿔가며 대문자와 소문자를 검토한다. 같은 글자 찾기도 해보고, 알파벳 퍼즐 놀이도 하고 여러 가지 방법을 통해 아이가 알파벳을 어느 정도까지 아는지 평가한다. 그리고 아이가 말을 하지 못할 뿐 모든 알파벳 글자를 다 알고 있음을 파악한다. "CVC 단어 읽기부터 합시다." 담임선생님과 의논 후 단어 읽기부터 시작하는 것으로 시작점을 잡는다.

 (CVC 단어교육이란 자음consonant, 모음vowel, 자음consonant의 결합으로 이루어진 간단한 단어로 하는 기초 읽기 교육이다. DOG / BUS / MUG / MAT / CAT 등 여러 가지 단어를 /드/ /오/ /그/ /드오그/ /도그/ 식으로 한 글자씩 끊어 읽은 후 이어 읽으며 단어 읽기를 가르친다.

국어에서는 자음, 모음, 자음으로만 이루어진 기초 글자부터라고 이해하면 된다.)

7장
교실 환경 살펴보기

유치부부터 12학년까지 있는 우리 학교에 초등반은 3개 반이 있다. Kindergarten(유치부)부터 2학년까지 학생이 있는 1반(내가 일하는 교실), 3, 4학년이 있는 2반, 그리고 5학년부터 7학년까지 있는 3반이다. 그 뒤로 중학생과 고등학생은 2층을 사용하고 있다.

우리 아이들을 위한 환경은 간단하고 정리가 잘 되어 있는 것이 좋다. 교실에 오면 아이들은 소지품을 개별 사물함에 넣은 뒤 책상 위에 펼쳐져 있는 장난감(담임교사는 매일 아침 아이들이 하루를 놀며 시작할 수 있도록 각 책상마다 다른 종류의 장난감을 조금씩 꺼내둔다)들을 가지고 노는 것으로 일과를 시작한다. 아이들 개인 사진이 붙은 소지품 박스 위쪽으로는 길쭉한 일과표가 학생 이름별로 있다. 위에서 언급한 바와 같이 아이의 수준에 따라 사진, 그림, 단어 등 다양한 방법으로 일과표가 만들어진다. 교실 오른쪽 코너에는 조용하고 약간 어두운 공간에 텐트와 쿠션을 두어 누워서 쉴 수 있는 공간을 만든다. 교실 문을 열고 들어왔을 때 왼쪽은 소파와 카펫이 있는 카펫 영역, 가운데는 개별 책상이 있는 책상 영역이라 할 수 있다. 만들기 재료를 보관하고 창고 용도로도 사용하는 큰 캐비닛을 벽으로 하여 벽 안쪽으로 한 개 책상만 들어가는 작은 공간이 하나 있어서 열린 공간에서 집중이 어려운 아이는 이곳에서 공부한다. 교실 문을 열면 정면으로 보이는 벽 쪽으로는 학생들의 작품을 전시할 수 있는 벽 공간과 그 아래에 장난감과 교재를 보관할 수 있는 선반 그리고 전체 학생들이 동그랗게 앉을 수 있는 큰 책상이 있다. 텐트와 쿠션이 있는 코너의 뒤쪽으로는 레일을 만들고 기차놀이를 할 수 있는 곳과 책장이 있어 아이가 놀면서 쉴 수 있는 또 다른 공간으로 쓰인다.

8장
장난감, 아이패드, 책

"새내기 교사가 되기 전 무엇을 준비하면 좋을까요?"라고 묻는다면, "우리 아이를 위해 엄마인 내가 무엇을 잘하면 좋을까요?"라고 묻는다면 나는 "장난감, 아이패드, 책 이 셋 중 한 가지에 전문가가 되어 주세요"라고 대답할 것이다.

1) 장난감

특수교육 교사는 장난감에 정통하여야 한다. 어떤 연령대에 어떤 장난감이 필요한지를 알아야 하고, 아이가 장난감의 어떤 점을 좋아하는지를 파악하여야 한다. 왜냐면 장난감으로 공부를 할 수 있고, 화난 아이를 달랠 수 있고, 얘기를 나눌 수 있기 때문이다. 장난감은 그냥 놀이를 넘어서 우리 아이에게는 세상을 배워나가는 통로다. 남자아이라면 주로 자동차와 공룡에 관심을 갖는다. 아이가 좋아하는 분야에 관심을 갖고 얘기를 나눌 때 빨리 친해질 수 있다. "어! 이거 나도 좋아하는 기아 카니발이네~", "나는 티라노사우루스가 좋아. 너는 어떤 공룡이 좋니?" "이건 초식공룡이지? 다른 초식공룡도 찾아볼까?"

여러 가지 장난감을 아이들의 수준별로 나누어 보는 것도 좋은 방법이다. 예를 들어 가장 기본적인 장난감으로 '작용/반작용 장난감'과 같이 버튼을 누르면 노래가 나오고, 누르면 '톡!' 하고 동물이 튀어나오는 장난감이 필요한 아이가 있다. 작은 고리들을 크기 순서대로 긴 막대기에 끼우는 장난감, 글자 공부를 위한 장난감이 있는가 하면, 블록 쌓기도 종류가 많아서 소근육을 이용해야 하는 레고 사이즈의 작은 블록부터 몇 개만 끼우면 아이가 왔다 갔다 하는 터널이 만들어지는 큰 블록까지 다양하다. 아이들이 좋아하는 장난감은 손쉽게 만들 수도 있다. 긴 줄 양 끝에 작은 물체를 매달아 대롱대롱 흔들어 땅에 부딪히며 노는 이 즉석 장난감이 어떤 비싼 장난감보다 더 좋은 장난감이 될 수 있다.

아이들이 반드시 배워야 하는 기술이지만 참 어렵게 배우게 되는 것 중 하나가 순서 지키기와 장난감을 나누고 같이 노는 기술이다. 순서를 지켜 노는 것은 연습하는 시간을 따로 정해 놓고 둘 셋씩 그룹을 지어 함께 놀며 배울 수 있다. 퍼즐의 경우 하나의 퍼즐을 한 아이가 한 조각을 맞춘 후 "이번엔 ○○ 차례~" 하며 다른 친구가 맞추고 이렇게 순서를 지켜 완성하게 한다. 좋아하는 장난감이지만 친구에게 나누어 주며 같이 놀 수 있는 경험을 갖도록 하는 것도 장난감을 가지고 배울 수 있는 중요한 사회성 기술이다.

장난감 중에는 긴장감을 줄이기 위해 개발된 것들이 있다. 스퀴시Squish(스트레스 볼이라고도 불린다)라고 불리는 장난감은 손으로 눌렀다 풀었다 하며 노는 장난감이고 뽁뽁이는 손가락으로 꾹꾹 누를 때 뽁하고 들어가는 느낌이 좋아 조용히 갖고 놀 수 있는 장난감이다. 스피너Fidget Spinner라고 하는 장난감은 플라스틱 바람개비처럼 생겼는데 빙글빙글 돌리며 노는 장난감이다. 이런 장난감들을 가만히 앉아 동영상을 보아야 하거나, 교사의 책 읽기를 들어야 할 때 손에 쥐게 하면 아이의 긴장감을 낮추어 주어 의자에 앉아 있는 시간을 늘릴 수 있다. 만들어서 아이들이 갖고 노는 장난감 중에는 물통에 기름, 물, 식용색소, 반짝이 등을 섞어 넣어 흔들면 물감이 천천히 아래 위로 움직이는 것을 보는 장난감도 있다. 이것도 조용히 자리에 앉아 갖고 놀 수 있는 장난감이다. 때로는 LED 리모컨도 장난감이 될 수 있다. 빛의 색이 변하고 강해졌다 약해졌다 하는 것을 리모컨으로 조정하는 것을 좋아하는 아이도 있다. 던져서 땅에 닿는 순간 빛이 반짝이는 장난감을 끈에 묶어 바닥을 톡톡 치며 노는 것을 좋아하는 아이도 있고, 눈앞에 작은 물건들이 사방팔방으로 흩어지며 떨어지는 것을 좋아서 하루 종일 색깔별 빨대Straw나 단추, 작은 공들이 가득 담긴 박스를 눈앞에 뿌리며 노는 아이도 있다. 아이를 관찰하면 아이가 좋아하는 것이 무엇인지 발견할 수 있고 이것을 장난감으로 연결 지을 수 있다. 아이가 놀면서 마음이 편안하고 행복한 기분을 느낄 때, 지금 있는 공간과 함께하는 사람이 안전하다는 것을 알게 된 후에 모든 학습과 관련된 일들이 시작될 수 있다.

장난감을 많이 만나고 연구하여 장난감 분야에 전문가가 되어 보자. 단, 장난감을 줄 때에는 한 가지를 지켜야 한다. 여러 가지 장난감을 한 번에 주어 아이가 압도될 만큼의 자극이 되어서는 안 된다. 한 번에 두 가지를 주어 선택하게 한다. 놀고 있는 장난감을 실컷 끝까지 놀아 볼 수 있도록 한 번쯤은 충분히 기다려 주기도 하자. 어떤 놀이를 좋아하는지를 파악하는 것이 중요하다. 아이가 현재 놀고 사용하는 장난감만 아이의 눈에 보이게 하고 그 밖의 장난감은 선반 위에 올리거나 정해진 장난감 보관 위치에 두어 지금 선택한 한 가지 장난감만 집중하여 오래 가지고 놀 수 있도록 한다.

2) 아이패드

특수교육 교사는 아이패드에 정통해야 한다. 언어로 의사소통이 어려운 Non Speaking 아동은 많은 경우 아이패드에 있는 전문 앱을 이용하여 의사소통을 한다(AAC-Augmentative and Alternative Communication, 보완대체의사소통). 이런 경우 아이들의 입이 아이패드가 되기에 어디든 아이패드를 들고 다닌다. 이곳에서 주로 사용하는 앱은 Proloquo2Go와 TouchChat이 있다. 이 외에도 우리 아이들의 감각을 자극하여 놀이로 사용할 수 있는 소프트웨어도 많다. 손끝으로 통통 누르면 물방울이 생기고, 빛이 사방으로 뻗어나가기도 하고, 땡땡 소리가 나기도 한다. 교실에서 의사소통 외에 기능적으로 많이 사용하는 앱은 스케줄 앱과 First Then앱('먼저-다음판'의 앱버전이다)이 있다. 스케줄 앱은 하루 전체의 스케줄을 짜거나 오전, 오후 스케줄을 짤 때 사용된다. 또는 만들기를 할 때 과정을 세분화하여서 화면에 저장하고 사용할 수 있다(① 가위로 자른다. ② 풀로 붙인다. ③ 이름을 쓴다. / 각 과정을 끝낸 후 손가락으로 밀면 '휙' 소리가 나면서 다음 단계 해야 할 것을 보여 준다). 이 앱은 과정을 완료한 후 손가락으로 밀어 '끝All done'을 명확하게 표시해 주기도 하고, 찍은 사진을 바로 시각적 도구로 사용할 수 있어 유용하다(운동장 그림이 지금 손에 없는데 급히 운동장으로 이동해야 할 경우 운동장을 바로 사진으로 찍어서 아이에게 보여 주며 설명할 수 있다).

상황 이야기Social Story를 자동으로 만들어 주는 앱도 있다. 몇 개의 사진만 넣고 이이를 일인칭 '나'로 하여 문장만 넣어 주면 바로 그 자리에서 아이들에게 보여 줄 수 있는 상황 이야기가 완성된다(음성 지원도 된다). 읽기와 셈하기를 지원하는 앱도 많다. 특히 퍼즐은 아이들이 언제나 좋아한다. 아이패드를 학습에 또는 생활에 이용할 때 주의할 점은 놀 때와 기능적으로 사용할 때를 구분하여야 한다는 것이다. 아이패드 하단의 버튼을 세 번 연속해서 누르면 화면 잠금이 시작되어 교사가 지정해 놓은 화면 이외의 다른 앱을 아이가 열지 못한다. AAC(보완대체의사소통)로 사용 중일 때는 반드시 이 기능을 사용하여 실수로 유튜브나 게임으로 가지 못하게 한다. 아이가 유튜브 보는 것을 좋아해서 책상에서 공부를 끝낸 후 휴식 시간에 유튜브 보는 것을 허용해 줄 때는 타이머를 사용하여 관찰자의 관찰하에서만 '놀이'를 할 수 있도록 한다. 미리 '한계'를 설정해 주지 않고 놀게 하다가 갑자기 '그만'이라고 하면 바로 멈추고 '그만'하기가 어렵기 때문이다. 하지만 적어도 교실에서는 휴식 시간 교사의 관찰하에 정해진 시간에 아이패드를 가지고 노는 것을 제외하고는 노는 용도로 아이패드를 가지고 있지 못하도록 신경 써야 한다.

3) 책

특수교육 교사는 아이들 책에 능통하여야 한다. 선생님이 의자에 앉아 책을 읽고, 아이들은 카펫에 앉아 듣는다. 스토리 타임이다. 이 시간을 아이들은 참 좋아한다. 물론 책을 재미있게 읽어 주는 기술이 필요한 게 맞지만 어쨌든 대부분의 아이들은 스토리 타임을 좋아한다.

아이들의 관심에 따라 자기가 좋아하는 분야의 책은 정해져 있다. 차를 좋아하는 아이는 차와 연관된 책만, 공룡을 좋아하는 아이는 공룡 책만 본다. 연령에 따라 글자 수도 달라지고 그림의 양도 달라진다. 만지며 읽는 책, 소리가 나는 책, 손으로 문을 열면 안에 또 다른 것이 나오는 책…. 작가별 특징이 다르고 계절별로 읽어 줘야 하는 책의 내용도 다르다. 꼭 읽혀 주고 싶은 책인데 아이가 어려워할 부분이 있다면 의사소통 소프트웨어에 있는 그림들을 이용하여 책 내용을 쉽게 재구성할 수도 있다. 책 읽어 주기는 정말 중요하다.

장난감, 아이패드, 책, 이 세 가지 중 적어도 한 가지 분야에서는 탁월하면 좋다!

기차와 자동차
기차는 기찻길 위를 틀림없이 따라 지나간다. 노는 방법이 고정되어 있어서 아이 입장에서는 예상 가능한 장난감이다. 자동차도 길 위를 선에 맞추어 지나간다. 같은 종류의 자동차끼리 모아서 길게 나열하기도 재미있다. 우리 아이들이 좋아할 수밖에 없는 장난감이다.

애착 장난감
아이의 요즘 애착 장난감은 기차다. 파란색 기차를 어디든 들고 다니고 기차와 얘기도 나눈다. 화장실에 들어갈 때도 갖고 들어가려 하는데 한 손에 기차를 쥔 채 일을 보기가 여의치가 않아서 화장실 문을 열기 전 꼭 문 옆, 벽 쪽에 기차를 두고는

"기다려!"라고 말한다. 기차가 없으면 학교에서의 하루가 힘들어지는데 이 기차를 집까지 갖고 가려고 해서 담임선생님과 의논 끝에 집에 가기 전에 기차를 숨기기로 한다. 집에 갖고 갔다가 학교로 안 갖고 오는 날이면 하루 종일 아무것도 할 수가 없기 때문이다. 집에 갈 시간이 다가오면 선생님들끼리 기차를 숨기기 위해 눈짓이 바빠진다. 스쿨버스를 타기 전까지 "기차야, 기차야, 어디 있니? 자러 갔니? 내일 나랑 만나자~" 노래를 함께 부른다.

배고픈 애벌레

"어느 일요일 아침 해가 떠올랐을 때 한 자그마한 알에서 퐁! 하고 애벌레가 나왔어요."

글을 아직 읽지 못하는 아이가 책을 읽는다. 다섯 살 아이가 혼자 소리를 내며 읽어가는 모습이 정말 귀엽고 예쁘다. 요즘 아이가 제일 좋아하는 책 두 권 「배고픈 애벌레」와 「잘자 달」이다.

귀여운 목소리를 들으며 집에서 엄마가 백 번도 넘게 아이에게 읽어 주었을 것을 생각하게 된다. 아이는 엄마의 말투로 소리 내며 책을 읽는다. 사실 글을 읽는 것은 아니다. 엄마가 반복해서 읽어 준 책 내용이 암기되어서 그림을 보며 내용을 말한다. 끊임없이 반복해서 나에게 읽어 주기에 자연스럽게 나도 따라 암기하게 된다.

Pete the Cat

에릭 칼Eric Carl의 책, 「토마스와 친구들」 등 아이들이 공통적으로 좋아하는 책들이 있다. 그중 「Pete the Cat 시리즈」는 '전환'을 주제로 다룬 재미난 동화책이어서 아이들에게 많이 읽어 준다. 고양이 Pete의 모험을 다룬 책인데 신발이 파랗게 되어도, 진흙이 묻어도, 젖어도 모두 "괜찮아! 별일 아니야~" 하며 노래를 부른다. 교실에서 내가 책에서 반복되는 문장인 "피트가 울었니?" 하면 자동으로 책에 적힌 문장을 외워서 아이들이 한목소리로 말한다. "아니 천만에!"

토마스와 친구들

매년 다른 아이들을 만나지만 아이들이 공통적으로 좋아하는 책이 한 가지 있다. 「토마스와 친구들」이다. 우리 아이들이 기차를 좋아하는 것은 알지만 유독 「토마스와 친구들」 책은 어떻게 이렇게 많이 좋아할까 생각하며 꼼꼼히 본다. 답은 아니겠지만 단순한 색깔, 군더더기 없이 선명하게 색칠된 기차, 단순 반복적인 내용 때문이 아닐까.

미키 마우스

아이들에게는 저마다의 애착 장난감이 있다. 이 아이는 미키 마우스를 항상 들고 다니는데, 전환 문제가 발생하여 복도에서 갑자기 주저앉아 멈춘 경우 미키 마우스에게 말을 걸어 아이에게 동기부여를 해주기도 한다. "미키 마우스야, 우리 도서관에 갈 거야. 같이 갈까? ○○야, 미키 마우스는 도서관에 가고 싶어 해. 네가 데리고 가 줄래?"

9장
협력의 필요성

특수교육을 배울 때 많은 책과 논문에서 팀으로 협력하여 일하는 것의 중요성을 다루었다. 특수교육교사, 언어치료사, 물리치료사, 사회복지사, 작업치료사, 부모님과 담임교사, 교장선생님을 포함하여 적어도 5-6명이 한 팀으로 한 아이를 위해 프로그램을 같이 설계하고 협의해 가는 것이 얼마만큼 중요한지를 다루고 있었지만 글을 읽기만 하는 것으로는 의미를 이해하기 어려웠다. 지금은 확실히 말할 수 있다. 특수교육은 '팀 사역'이다. 그래서 좋은 팀을 구성하는 것이 중요하다. 혼자 독불장군으로 일할 수 없다. 특수교육이라는 영역의 특수성으로 인해 혼자 배우고, 혼자 결정하고, 내가 아는 영역 안에서만 아이들을 만나는 것은 가능하지 않다. 각 영역 전문가들의 전문성이 모두 결합되었을 때 아이를 위한 최선의 지향점이 설정될 수 있고, 그것을 매일 교실에서, 집에서 풀어나가는 사람이 교사이고 부모가 되는 것이다.

성격상 누가 묻는 말에만 대답하고 묻지 않을 때는 아무 말도 하지 않는 내가, 새로운 사람과는 3-4년은 지나야 얼굴 보며 대화하기를 겨우 하는 내가 이 협력하여 일하는 것이 필요한 영역에서 일을 하게 되었을 때 느꼈던 어쩔 줄 몰라 했던 감정들이 떠오른다. 하루에도 여러 번 각 방면의 전문가들의 질문에 대답을 해주어야 하기에, 그리고 나 혼자 해결되지 않는 수많은 문제들을 바로 옆에 있는 다른 전문가들에게 물어서 의견을 들으며 조율해 가야 하기에 팀을 이루어 함께 일하는 것은 중요하다. 우리 아이들이 겪고 있는 어려움은 나 혼자의 결정과 지원으로는 감당이 안 되는 복잡한 문제이기 때문이다.

화장실 훈련

아이들마다 화장실 훈련을 시작하는 시기는 다르다. 아이는 준비가 되지 않았는데 '대부분의 아이들이 이맘때쯤 하니까' 하며 따라 하는 경우는 실패를 반복할 가능성이 높다. 아이 스스로 기저귀를 떼고 화장실에서 볼일을 보고 싶어 하는 때가 왔는지를 관찰하며 시작하는 것이 좋다.

화장실 훈련은 대표적인 팀 사역이다. 언어치료사는 아이를 위해 상황 이야기를 만들어 준다. 작업치료사는 일대일로 아이의 화장실 훈련을 시켜 줄 나와 의논하며 프로그램을 짠다. 물리치료사는 아이의 물리치료 시간에 교실에서 화장실까지 동선을 체크하며 조언해 준다. 기록지에 아이의 모든 화장실 사용 기록을 남기고 끊임없이 선생님들과 의논한다. 주요 대화 내용은 "어느 레벨 정도까지 왔어?", "이제는 시간 맞추어 그림을 보여 주면서 화장실 가는 것을 멈추고 아이가 스스로 요구할 때까지 기다려 볼까? 다음 단계로 가보자"이다.

10장
마무리는 혼자서

많은 경우 아이가 감성이 풍부하고 예술적 가치를 이해할 수 있는 사람이 되기를 바라며 만들기, 그림 그리기 같은 미술 교육을 한다. 하지만 내가 생각하는 만들기, 그리기의 중요한 목표는 아이가 집중하여 한 가지를 끝냈을 때 스스로 느끼는 성취감, 자존감, 효용감의 증진에 있다. 공기 중에 사라지는, 눈으로 볼 수 없고 손으로 잡을 수 없는 형태가 아니라 한 과정이 끝났을 때 내가 한 것을 보여 줄 수 있는 형태가 되는 만들기/그리기는 아이에게 자신감과 성취감을 높여 주기 위한 좋은 방법이다. 이때 보조자로서 지켜야 할 것들이 있다.

    1) 가능한 한 아이가 마무리할 수 있도록 한다. 전체로 보아 10의 과정을 거치는 만들기라면 교사는 과정을 조절(자르는 파트를 교사가 할 것인지 부분적으로 아이가 하게 할 것인지, 전체 과정 중 몇 퍼센트를 혼자 하게 할 것인지)하여 어느 정도를 아이가 혼자

할 수 있게 할 것인지 구체적으로 생각하되, 항상 마지막 파트는 아이 몫으로 남겨두고 아이가 마무리하게 하여 성취감을 갖도록 한다.
2) 예쁘고 깔끔하게 하는 것이 목표가 아님을 기억하자. 선을 지키지 않아 삐뚤빼뚤하여도 아이의 솜씨로 완성하도록 하며 완성품에 대해서는 아낌없이 칭찬해 준다.
3) 완벽주의 기질이 있는 경우 비뚤게 그리거나 원하는 모양대로 이루어지지 않을 것을 걱정하며 아예 시도하지 않거나 갑자기 하던 것을 모두 찢거나 없애는 때도 있다. 아이가 과정에서 스스로 성취감을 느낄 수 있도록 끊임없이 격려해 준다. 단, 아이가 스스로 잘못되었다고 생각하는 부분은 칭찬해 주면 안 된다. 틀려도, 비뚤어져도 괜찮음을 알기까지는 많은 긍정적인 경험이 쌓여야 한다.

마지막은 너가

미술 시간. 12개로 조각 난 퍼즐을 끼워 맞춰 한 개의 큰 그림이 되도록 붙이는 시간이다.

혼자 해보게 했더니 역시 어려워하며 금방 책상에서 일어나 버린다. 아이의 손에 내 손을 올려 하는 것도 쉽지 않다. 잠시 고민하다가 9조각은 내가 먼저 맞추고 다시 아이를 불러 나머지 3조각을 끼워 맞추게 한다. 이미 9조각이 완성된 상태에서 3조각만 끼우는 것을 아이는 재미있게 집중하며 잘 마무리

한다. "와, 큰 곰이 되었네!" 하며 같이 기뻐한다.

스티로폼 블록 줍기

오늘은 스티로폼 블록을 쌓아서 집을 짓는 날이다. 아이가 시작도 하지 못하고 블록을 모두 던져 버린다. 다 주워 정리하게 해야 하나, 반 정도만 주우라고 해야 하나 잠시 고민한다. 온 교실 바닥에 흩어져 있는 블록을 다 줍자고 하면 시작도 안 할 것 같아서 재빨리 멀리 있는 블록은 박스에 주워 담은 뒤 열 개 남은 블록을 아이 이름을 부르며 같이 줍자고 한다. 아이가 정리하는 양을 조금씩 더 늘려가는 중이다. "치우자, 치우자, 여기저기 모두를~" 물건을 주우며 부르는 청소노래를 자주 부르고 있다.

4부

더 나누고 싶은 이야기

1장
지나친 일반화

학교에서 돌아온 딸의 얼굴이 심상치 않다. "무슨 일 있니?" 하고 물으니 교실에서 평소 친하게 지내지 않는 아이가 옆으로 와 이렇게 말했다고 한다. "어제 슈퍼마켓을 갔는데 거기 두 아시안이 화가 난 목소리로 크게 떠드는 거 있지? 너희는 왜 그렇게 어디서나 말하는 게 시끄럽고 화를 내니?" 딸은 "아마 한국 사람은 아니었을 것 같아"라고 했는데 이런 대화가 오고 가는 중에 딸의 마음에서는 이 친구가 왜 모든 아시안이라고 하는지에 대해 속상함이 올라오고 있었다.

2001년 봄 수학여행. 학교 발령 3년차여서 새로운 것을 계획하고 실행할 용기가 어느 정도 생겼을 그때, 3월 학기 시작과 동시에 4월 수학여행에 특수학급 아이들을 다 데리고 갈 목적으로 나름의 설득작전에 들어갔다. 교장선생님, 교감선생님, 교무부장님과 특수학급 선생님 등 모든 선생님들과 긴 대화가 오간 후 우리 아이들(두 개의 특수반이 있는 중학교였고 나는 통합반을 담임하고 있었으며, 우리 반에는 5명의 장애학생들이 통합되어 있었다)을 모두 데리고 가기로 결정이 나고 떠난 첫 번째 수학여행이었다.

설악산에서의 밤. 한 특수반 아이가 실수로 복도에서 유리로 된 신문함을 부쉈다. 소리가 꽤 커서 모든 사람의 이목이 집중되었다. 그리고 같은 시간 방에서는 우리 반 남자아이들이 베개 싸움을 하다가 형광등이 깨졌다. 다친 사람은 없었지만 유리 파편이 사방에 떨어져 위험할 수 있는 상황이었다. 시간이 흐른 뒤, 형광등을 깨트린 우리 반 남자아이들의 이름은 언급되지 않았지만 신문함을 깨트린 특수반 아이의 이름은 선생님들 사이에서 한 번씩 나오고 있었다. 아니, 아이의 이름이 아니라 "그 아이들은~"이라고 시작되는 말로. 교무실에서 한 선생님이 오더니 궁금한 듯 나에게 물으신다. "내가 예전에 보았는데 그 아이들은 성에 대하여 민감하고 관심이 너무 많아. 왜 그래?"라고.

내가 한번 한 사람에게서 받은 경험을 '그와 비슷한 모든 사람이 그래'라고 생각하며, 그것이 정답인 듯 다른 사람들에게 고스란히 전한다. 내가 만난 그 한 사람을 말하지 않고 "그 사람들은, 아시아계 사람들은, 흑인들은, 그 아이들은"이라고 일반화하여 말한다.

그것이 그 안에 들어가는 한 사람에게는 아픈 돌멩이가 된다. 많은 우리 아이들에게, 우리 아이들의 부모에게 던져지는 돌멩이가 된다. 두 명의 아시아계 사람이 마켓에서 큰 소리로 대화를 나누었고, 한 아이가 설악산 콘도에서 신문함을 깼고, 한 선생님이 경험한 그 한 아이가 유난히 성에 대하여 관심이 많았던 것이다. 모두가 아니다.

2장
증후군에 대하여

고등학교 과학 시간에 배운 많은 법칙의 이름들이 생각난다. 그것을 발견한 과학자의 이름을 딴 많은 법칙들 말이다. 마찬가지로 세상에는 수많은 증후군이 있다. 그리고 이 증후군 또한 발견한 의사들의 이름을 따서 불린다. 확실한 것은 이 종류가 내가 특수교육을 공부하던 25년 전에 비해 많이 늘어났고 지금도 늘고 있다는 점이다. 그러다 보니 이전에 알지 못했던 새로운 증후군을 지닌 아이들을 만나기도 한다. 이 경우 무조건 '공부'해야 한다.

대부분 특정 부분의 염색체에 이상이 있거나 뇌의 일정 부분이 일반적이지 않을 때 나타나는 경우이기에 공부를 통해 특징을 정확히 알아야 한다. 우리 아이들 중에도 기본적으로 자폐 범주성 장애를 지닌 가운데 복합적으로 다른 증후군의 이름을 함께 지닌 아이들이 있다. 머리끝부터 발끝까지 가려운 피부를 지니게 되어 끊임없이 긁는 아이, 배부름을 느낄 수 없어서 먹는 양을 조절해 주지 않으면 한없이 먹는 아이, 알레르기가 심하고 특정 음식을 먹으면 복통이 일어남에도 먹을 것을 끊임없이 찾아 헤매는 아이, 근육 긴장도가 떨어져서 무엇이든 쥐는 힘이 부족한 아이, 시력이 약하여 돋보기안경을 껴야 하지만 안경 사용하는 것을 싫어하는 아이, 몸의 어느 부분에 경련이 쉽게 발생하는 아이, 몸의 밸런스가 부족하여 잘 넘어지는 아이, 특정한 음식을 먹으면 안 되는 아이, 대사 작용이 빨리 이루어져서 한 번에 많은 식사를 하거나 자주 배가 고파 계속 먹어야 하는 아이, 큰 소리로 울면 뇌신경에 문제가 발생하는 아이, 몸의 여러 군데에 밀크초콜릿색 반점이 있는 아이…. 일상생활에서 기억해야 하고 특정한 부분에서 조심해야 하는 부분들이 있을 수 있기에 특별한 이름의 증후군을 지닌 아이를 만날 때는 공부해야 한다.

연고를 발라 주어야지요
특정 이름의 증후군으로 인하여 머리끝에서 발끝까지 피부가 몹시 가려운 아이가 있다. 온몸을 긁어 딱지가 나는데, 딱지가 있는 게 싫어서 바로 뜯어내기에 또 피가 난다. 온몸에 긁은 자국이 가득하다. 안타깝지만 가정에서도 이 아이의 피부를 덜 가렵게 만들 어떤 것도 찾지 못한 상태여서 학교에서도 그냥 보기만 한다. 너무 심하게 긁을 때면 관심을 다른 곳으로 돌려 자연스럽게 긁는 것을 멈추게 한다. 어떨 때는 손을 꼭 잡고 있기도 한다. 연고나 덜 가렵게 만드는 로션 바르기도 시도해 보았지만 효과가 없다. 아이가 몸에 무얼 바르는 것을 싫어한다. 평생 갖고 있어야 할 가려움이기에 아이 스스로 이겨낼 방법을 찾길 바랄 뿐이다. 그런데 한 달씩 머물다 가는 실습생의 눈에는 이 아이의 피부에 아무런 연고를 바르지 않고 그냥 놔두는 것이 이해가 되질 않는다. "왜 아이 엄마는 아이를 이렇게 그냥 내버려두냐?"라고 화를 낸다. 아이의 안타까운 모습을 보자마자 왜 아무런 노력도 하지 않는 것인지부터 물어서는 안 된다. 이처럼 숨은 사정이 있을 때도 있다.

3장
일반학교 vs 특수학교

나는 2003년 3월에 처음 남자친구를 만나 6월에 결혼했다. 이를 두고 중3 우리 반 아이들은 "샘은 3월 개학날 남친을 만나, 중간고사 때 상견례를, 기말고사 때 결혼을 했어요!"라고 놀리고는 했다. 만난 지 한 달 좀 지난 즈음, 남자친구는 내가 장애인의 날 학교에서 사용할 홍보 영상을 편집하고 있었다. 그리고 내게서 태어나 처음 들어본 '통합교육'이란 단어를 박사급으로 이해하고는 만나는 사람들에게 "제 여자친구는 통합교육을 하는 사람이에요"라고 소개를 했다. 그 무렵 나에게 통합교육은 처음 만나는 모든 사람에게 일단 설명부터 해주고 보는 것이었다. 대학원 면접 때 교수님께 처음 드린 소개가 "저는 사립학교가 아니라 일반 공립 통합 중학교 교장선생님이 되는 것이 꿈입니다"라고 하였으니 통합교육은 그 단어를 처음 알게 된 날부터 내 심장을 두근거리게 하는 말이었다.

첫 발령이 난 중학교에서 5년 근무를 채우고 고등학교로 전근 간 첫날, 학년부장님이 큰 미소와 함께 다가오셨다. "특수교육을 전공했다는 소문 들었어요. 그래서 내가 그 반으로 아이들을 다 몰아 주었지." 우리 반이 45명인데 그중 9명을 특수반 친구들로 배치해 주신 것이다. 반 배정이 확정된 상황이었음에도, 처음 보는 분들 앞에서 얘기해야 함에도 불구하고 "45명 정원이면 각 반에 특수반 친구들은 4명을 넘지 않는 게 좋을 것 같아요"라고 말씀드린 후 두 개의 반으로 아이들을 다시 배정했다.

이렇게 7년을 일반 중고등학교 통합반 담임으로 보내고 캐나다 특수학교에서 12년을 보조교사로 일하며 나름 일반학교와 특수학교라는 두 곳의 시스템을 모두 경험한 지금은, 사회성 훈련을 고려할 때 장애학생들에게는 무조건 일반학교에서의 통합교육만이 정답이라고 생각하였던 초임교사였을 때와는 생각이 조금 달라졌다.

일하는 특수학교에서 매일 다양한 장애를 지닌 아이들을 만난다. 아이들은 학교에서 친구를 사귀고 사회를 이루며 필요한 것을 배우고 자란다. 장애가 없는 또래 친구들을 만날 수 있는 일반학교 환경과는 다르지만 특수학교 안에서 이루어지는 교육은 일반학교와는 다른 장점이 있다. 일반아이들을 가르치는 곳으로 홈스쿨, 일반학교, 사립학교, 대안학교, 특성화학교 등이 있듯이, 우리 아이들을 위한 학교 또한 병원에 소속되어 있는 병원학교, 특수학교, 일반학교의 통합학급과 특수학급, 홈스쿨, 그룹홈 등 그 종류가 다양하다. 그리고 각 학교가 갖고 있는 특징이 다르다. 내 아이의 상황과 아이에 대한 부모의 기대사항을 고려하여 선택하는 것이 좋지 않을까 생각한다. '이것만이 정답'이란 것은 없다. 하나의 정답만을 고집하기에는 우리 아이들이 너무나 다양하다.

일반학교는 우리 아이들이 가장 힘들게 배우는 부분이며 큰 어려움이라고 알려진 사회성을 발달시키기에 좋다. 또래 친구들이 갖고 있는 생각과 모습을 가까이서 볼 수 있어서 일반적인 아이들의 트렌드를 따라갈 수 있는 장점(나는 또래 아이들의 트렌드를 알고 있는 것이 중요하다고 생각한다. 요즘 유행하는 영화, 음악, 옷차림, 운동화, 연예인, 노래, 관심사 등)이 있으며 이는 학령기 이후 살아가야 할 사회와 가장 비슷한 모습이기도 하기에 많은 의미가 있다. 또한 최근 연구에 따르면 장애 학생의 친구로 보낸 경험이 학생의 리더십과 바른 인성교육에 좋은 영향을 준다고 한다. 특수학교에서는 언어치료사, 작업치료사, 물리치료사 모두가 교사와 함께 팀을 이루어 최상의 교육을 위해 노력한다. 이에 따라 보다 전문화된 교육을 받을 수 있다. 교사가 일반교실에 비하여 적은 수의 학생을 맡게 됨으로 보다 직접적이고 구체적이며 전문적인 학습 지도를 받을 수 있다는 장점도 있다. 그리고 어떤 모습도 이곳에서는 이상하다는 눈초리 없이 다 받아들여질 수 있다는 점이 부모와 아이의 마음을 편하게 해준다.

특수학교에서 근무하는 동안 내가 맡았던 3명의 아이가 학교, 교실, 책상에 앉아 수업 받기, 교사의 지시에 따르기 등의 활동에 익숙해진 후 사는 곳에서 가까운 일반학교로 전학 갔을 때, 그리고 그곳에서 잘 적응하고 있다는 소식을 들었을 때의 기쁨을 떠올려 본다. 내가 이곳에서 일하는 가장 큰 이유이자 보람이다.

두 명의 친구

2000년 즈음, 중학교에서 근무할 때 특수학교에서 초등학교와 중학교를 보내다 집에서 가까운 우리 학교(공립 중학교)로 전학을 온 학생이 있었다. 한 명은 특수학교에서 전교회장을 했던 자신감 넘치고 이해심이 많은 아이였고, 한 명은 소설가가 되고 싶은 감수성이 예민한 아이였다. 이 두 아이에게는 그동안 만나왔던 같은 나이의 아이들과 다른 부분이 있었다. 또래 친구들과 사용하는 단어와 단어의 의미를 이해하는 정도가 달랐으며, 또래 친구들과의 대화에서 당연하게 받아들이는 정도가 달랐다. 콕 집어서 "무엇이 달라요"라고 말하기 어렵지만 또래 아이들이 느끼고 이해하고 좋아하고 싫어하는 그 많은 부분에서 교집합이 없었다. '이래서 통합교육이 중요한 거야'를 다시금 다짐하게 되는 순간이었다. 나와 비슷한 나이를 가진 또래들이 갖고 있는 문화 속에 머물고 비슷한 정서를 갖는 것은 중요하다. 왜냐하면 그것이 아이가 앞으로 살아가야 하는 실제

세계이기 때문이다.

맹학교에서의 고스톱

예전에 맹학교를 졸업한 한 친구와 뒤로 넘어가게 웃으며 대화를 나눈 적이 있었다.

"언니, 그거 알아요? 우리 다 해요."

"어떤 거를 다?"

"기숙사에서 이불 쓰고 화투도 하고 트럼프도 해요. 몰래 밖으로 나와 야참도 사 먹고, 시험 볼 때 어떤 아이는 컨닝도 해요."

맹학교에서 초중고를 다 보내고 대학을 진학한 내 친구는 특수학교에서 재미났던 일들을 한 보따리 풀며 행복하고 즐거웠던 시간을 나에게 나누어 주고는 했다.

아이들이 모여 있으면, 하는 모습들은 어디나 다르지 않다.

4장
학습장애와 자폐 범주성 장애

학습장애와 자폐 범주성 장애를 동시에 갖는 경우가 있다. 이 경우 아이가 말을 할 수 있다면 아이는 자기가 좋아하는 사람과 좋아하지 않는 사람을 명확하게 표현한다. 대체로 아이가 좋아하는 사람은 말을 끝까지 들어주고 대답을 즉시 잘 해줘서 대화가 되는 사람이다. 글자와 숫자를 기억한 후 다시 꺼내어 읽기가 Decoding 어렵고 같은 이유로 쓰기/읽기가 어렵기 때문에 학습 방법은 주로 듣기/말하기로 이루어진다. 교실에 도착해서 집에 가기 전까지 잠시도 쉬지 않고 "왜요?"를 묻고(듣기를 통해 대부분의 정보를 얻을 수 있기 때문에) 답을 요구한다. 듣기/말하기를 중심으로 학습이 이루어지더라도 글쓰기, 책 읽기, 셈하기는 꾸준히 해나간다.

아이는 좋은 관계로 대화를 나눌 수 있는 말하기를 즐겨하는 수다쟁이 교사를 좋아한다. 표현언어가 가능하기에 화가 나거나 기분이 좋지 않은 상황도 즉시 말하는데 끝까지 잘 들고 차분하게 답해 주어야 한다. 시험을 볼 때 교사가 질문을 읽어 주면 학생은 답을 이야기한다. 교사는 학생 대신 들은 답을 적는다. 이 경우 아이가 빠른 속도로 정답을 말하여서 받아 적기가 어려울 때도 있기에 아이와 대화하며 아이가 알고 있는 바를 정확히 옮겨 적을 수 있도록 한다. 캐나다의 경우 학습장애 진단을 받은 아이는 시험시간을 길게 받을 수 있고, 시험 때 교사와 같은 공간에서 교사의 도움을 받으며 시험을 볼 수 있다(질문 읽어 주기, 학생이 답한 것을 적어 주기 등).

실습

내 마음은 오직 특수교육뿐인데 캐나다에서 특수교육 분야의 일을 찾기까지는 오랜 시간이 필요했다. 한국에서의 경력은 인정되지 않기에 보조교사 자격증을 받는 대학교를 다시 다녔다. 태어나 한 번도 영어권에서 공부해 본 적 없는 나의 토종 한국말 발음 위에 얹혀진 어정쩡한 영어는 모든 상황에서 발목을 잡았다. 졸업을 앞두고 두 번째 실습을(1년 동안 한 달씩 두 번 실습을 한다. 첫 번째는 초등학교에서 한 달, 두 번째는 고등학교에서 한 달) 고등학교에서 하고 있었다.

10학년 기말고사 생물 시험을 돕기 위해 한 학습장애 학생과 일대일로 과학실에 앉았다. 지난 1주일간 집에서 열심히 단어를 외웠기에 학생이 작게, 틀리게 말하는 대답도 잘 듣고 답지에 적어 줄 수 있었다. 학생은 틀리게 말했지만 상동염색체

Homologous Chromosomes 비슷한 발음만 들려도 다 그것으로 알아듣고는(다르게 발음하는 그 무엇을 잡아낼 수가 없어서) 상동염색체라고 적어 준다. 세포분포라고 말해도 세포분열 Cell Division 이라고 적어 주는 식이다. 문제는 아이가 평소보다 훨씬 좋은 점수를 받았다는 점이다. 영어를 잘 못해서 일어난 에피소드다.

5장
다운증후군과 자폐 범주성 장애

 다운증후군과 자폐 범주성 장애를 같이 갖는 경우가 있다. 이 경우 우선순위로 교육할 부분은 자조기술 및 자립기술이다. 누군가의 도움 없이 혼자 할 수 있는 영역을 넓혀가는 것이 목표다.

 화장실을 독립적으로 사용하는 것, 음식을 먹기 전에 손을 씻는 것, 혼자 씻고 옷을 입는 것, '아니오/예'를 의사소통 보조기구를 활용하여 표현하는 것, 음식을 혼자 먹는 것, 칫솔질하는 것, 혼자 양말을 신고 신발을 신는 것, 잠자는 시간에 혼자 잠드는 것 등이다. 두 가지 장애 영역에서 나타나는 특성을 모두 갖고 있기에 이해하고 받아 주어야 할 부분이 더 많다. 일반적으로 다운증후군을 지닌 아이들은 사회성이 좋은 편인데, 자폐 범주성 장애와 같이 갖게 된 경우에는 사회성이 떨어지면서 감각이상도 함께 지니고 있어 이해하고 기다리고 받아주어야 할 것도 더 많다.

교실 가는 길

오늘 아침 출근길, 다운증후군과 자폐 범주성 장애를 모두 지니고 있는 아이의 교실 가는 길이 쉽지가 않다. 평소에는 아빠 차에서 내려 아빠 손을 잡고 교실까지 잘 갔었는데, 오늘은 무슨 일인지 운동장 가운데 주저앉아 꼼짝하지 않는다. 뭐라도 도와주고 싶은데, 아빠보다도 더 큰 아이를 힘으로 들어 올리는 것은 할 수가 없다. 지금 무엇이 힘든지 말해 줄 수 있다면 참 좋을 텐데 아빠도, 나중에 부랴부랴 운동장으로 달려온 담임선생님도 아이가 스스로 일어날 마음이 생겨 몸을 움직일 때까지 옆에 같이 서서 기다릴 수밖에 없다. 시간이 좀 지나고 쉬는 시간 복도를 지나며 아이의 교실을 슬쩍 보니 아침 일은 잊고 사과를 맛있게 먹으며 잘 있다.

6장
주의력결핍/과잉행동장애와 자폐 범주성 장애

주의력결핍/과잉행동장애ADHD/ADD와 자폐 범주성 장애는 때때로 비슷한 특성을 보인다. 그래서 주의력결핍/과잉행동장애인지 자폐 범주성 장애인지 분명하게 한 가지로 진단하기 어려울 수 있다. 주의력결핍/과잉행동장애를 진단받은 아이는 뇌 발달과 관련된 어려움으로 인해 일반적인 아이들과 다른 행동을 보이지만, 이것을 잘못 이해하면 게을러 보일 수도 있고, 품행 문제를 일으키는 아이로 오해받기도 한다. 호기심이 많은 모습은 집중력이 짧은 아이로, 창의적으로 움직이는 모습은 충동적인 아이로, 에너지 넘치게 움직이는 모습은 과잉행동으로 보일 수 있다.

    주의집중을 하기 어렵다는 말을 단순히 '아이가 집중력이 떨어진다'로 이해해서는 안 된다. 그보다는 '집중할 것이 너무 많아 집중해야 할 한 가지를 고르기 어렵다'는 표현이 적절하다. 책을 읽고 싶지만 시각, 청각, 촉각이 예민한 아이는 온몸의 감각기관이 일사분란하게 움직여 남들은 들려도 무시할 수 있는 소리(선풍기 돌아가는 소리, 차가 움직이는 소리, 옆 반에서 떠드는 소리, 형광등 전류 흐르는 소리)가 무시하기 어려울 정도로 동시다발적으로 들린다. 남들은 보이지만 무시할 수 있는 창문으로 들어오는 빛이 보인다. 남들은 무시할 수 있는 몸을 감도는 바람이 간지럽다. 뇌 속 신경들이 부지런히 연결되고 있어 무시하고 끊어야 할 것들도 다 느끼게 한다.

온종일 모든 감각기관들이 긴장, 각성상태로 있다 보니 쉽게 지치고 피곤하다. 지치고 피곤하니 잘 자면 좋은데 예민한 감각들로 인해 잠을 깊게 자는 것도 어렵다. 이처럼 늘 예민한 감각기관들로 인해 긴장도와 불안감이 높고, 때로는 충동적으로 생각의 과정을 통하지 않은 행동을 하게 된다. 두 가지 장애에 공통적으로 요구되는 기본 사항은 '건강한 루틴의 반복'으로 예민한 감각기관이 필요 이상 과도하게 작동하지 않게 하는 것이다. 과잉행동으로 인하여 일상생활에 어려움을 많이 겪고 있다면 전문 의료진을 통해 의료적 도움을 받을 수도 있다.

약

아이가 주의력결핍/과잉행동과 관련된 약을 먹기 시작했다. 약은 시간을 맞춰 먹어야 한다. 대체로 복용 후 2시간 후부터 효과가 나타나 복용 후 6시간이 지나는 전후로 효과가 서서히 사라지기에 학교에서 공부하는 시간에 효과를 보기 위해서는 (이 점이 오히려 약이 안전하다는 것을 말해 준다. 보통 주의력결핍/과잉행동장애와 관련된 약은 지속성이 6-7시간 정도며 약 의존성이 낮다고 알려져 있다) 아침에 일어나자마자 약을 먹는다. 약을 먹은 날과 먹지 않은 날 도전행동 빈도수는 확실히 차이가 난다. 보기에 따라 약을 먹으면 말이 느려지기도 하고, 표정이 시무룩해지기도 하고, 어쩔 때는 손과 다리가 저리다 하기도 하고, 입맛이 떨어져 밥을 안 먹기도 한다. 이렇게 아이가 변하는 것을 보는 것보다 하루 종일 쉬지 않고 점프하고 머리를 바닥에 계속 부딪히고 끊임없이 뛰어다니는 것을 보는 게 낫기에 약을 안 먹이고 싶다고 하는 부모님도 계신다. 하지만 약을 먹고 온 날 책상에 앉아 완수하는 학습량이 달라지고, 물건을 던지는 도전행동이 줄고 아이가 차분하고 안정된 모습을 보인다고 말씀드리며 부모님 마음대로 약의 양을 조절하지 말기를 권유드린다.

　보통 3가지 정도의 약을 2주 정도씩 돌아가 먹이며 아이의 행동 변화를 관찰하고, 그중 아이에게 가장 적합한 약과 복용량을 찾아낸다(2주 복용-2주 미복용-2주 새로운 약 복용-2주 미복용). 약 복용을 시작했을 때는 반드시 담임선생님께 얘기를 해야 한다. 학교에서 행동변화를 관찰하는 것이 의사가 다음 약의 복용량을 정하거나 다른 약을 권유하는 것에 중요한 정보가 되기 때문이다.

오늘 약 안 먹었지요?

때리기, 밀기, 침 뱉기, 소리 지르기, 물기, 꼬집기, 울기, 던지기…. 아이에 따라 문제로 생각되는 다양한 행동들이 있다. 이런 경우 교실에서는 아이의 어떤 행동이 도전행동인지를 이야기하고(도전행동에 대한 정의를 내림) 도전행동 기록지를 만든다. 기록지에 아이가 행동할 때마다 선을 그어 표시한다. 이 기록지는 부모와 상담을 해야 하는 순간에 중요한 정보가 된다. 집에서는 보이지 않는 행동이지만 학교에서는 다른 행동을 하는 경우도 있기에 부모님과 분명하고 객관적인 기록지를 사이에 두고 이야기를 구체적으로 나눌 수 있다.

아이가 약을 먹기 시작하면서 많은 도전행동이 현저하게 줄고 있는 중이었다. 약 먹기가 시작된 후에는 교실에서 "안녕!" 인사가 가능했었는데, 오늘 출근길에 만난 아이는 다시 운동장을 뛰어다니고 있다. 공격적인 행동도 다시 보이고 바닥에 침을 1분에 열 번도 넘게 뱉는다. 기록지에 선을 긋는 난이 부족할 만큼 단시간에 도전행동을 반복해서 보인다.

"어머니, 혹시 오늘 아이가 약을 안 먹었나요?"

"어머! 어떻게 아셨어요?"

하교시간 아이를 데리러 온 엄마와 기록지(약을 먹기 이전부터 기록해 온 기록지여서 약 복용 후 어떻게 행동이 변하였는지가 보인다)를 보며 이야기를 나눈다.

약 효과가 하교 후 집에 돌아가서까지 지속되지는 않기에 집에서 보기에는 도전행동이 줄지 않으면서 이전보다 시무룩한 모습으로 있는 게 마음이 아파서 약을 주지 않았다고 한다. 아이가 학교에서 어떤 변화를 보이고 있는지 담임선생님이 설명하면서 깊은 상담을 한 날(이와 같이 도전행동과 관련된 학부모 면담은 보조교사가 아닌 담임교사가 하는 것이 바람직하다)이다.

7장
사회적 나이에 따른 존중(Age Respectful)

아이들의 사회적 나이Social Age(태어난 해를 기준으로 한 일반적인 나이)에 맞추어 대화하고, 장난감을 고려하고, 책을 골라 주는 것은 중요하다. 열네 살 아이들이 좋아하는 가수, 티셔츠, 바지, 노래를 열네 살 우리 아이들도 좋아한다. 아이들의 지적 능력이 또래 아이들에 비하여 지체되었다 하여 열네 살 아이와 아기에게 얘기하듯 대화를 하거나, 어린아이들의 장난감과 책으로 놀이를 구성해서는 안 된다. 서른 살 어른에게 말할 때 존댓말을 하듯, 장애가 있든 있지 않든 그 나이에 맞게 똑같이 존중하면서 대화를 이어나가는 것이 '나이에 맞는 존중Age Respectful'이다. 열일곱 살 아이들이 어린이 피터팬 동화책을 읽지 않듯이 열일곱 살 우리 아이들도 또래 아이들이 하는 것들을 하기를 원한다. 또래 아이들의 눈높이로 대화하는 것이 중요하다.

지나친 배려

고등학교로 발령이 난 첫해, 우리 반 아이의 코피가 멈추지 않아 급히 병원을 가야 했다. 대기실에서 순서를 기다리고 있는 중 코를 꼭 쥐고서 옆에 앉은 어른과 대화를 나누는 아이의 말이 들린다. "아니~ 난 코에 피가 나서 왔어~ 넌 어디가 아파서 왔어?" 아이는 옆에 앉은 분이 지적 장애가 있다는 것을 파악하고 이야기를 나누고 있었다. 50은 넘어 보이는 어른이었지만 아이는 아이들에게 말하듯 해야 잘 배려하는 것이라고 스스로 생각하는 듯했다.

치료를 다 받고 택시를 타고 학교로 돌아오는 길, 아이에게 설명해 준다. "○○야, 사회적 나이라는 것이 있어. 아까 같은 경우는 말이야…" 하며. 아이는 대화에서 어떤 실수를 하였는지 금세 내 설명을 이해해 주었다. 우리 아이들을 그 나이 또래의 일반 다른 아이들과 동일한 시선에서 바라보고 대해 주어야 하는 것이 '맞는 배려'다.

지나친 배려의 또 다른 예가 있다. 거리에서 시각장애인을 만날 때 뛰어가서 바로 도와주기보다는 여쭤보아야 한다. "도와드릴까요?" 때로는 혼자 문 열기, 혼자 신호등 건너기, 혼자 옷 입어 보기를 훈련하고 있는 중일 수도 있다. 급히 뛰어가 즉시 도와주어야 할 때가 있고(이럴 때 즉시 도와주지 않는 것도 비매너다), 잠시 멀리서 보다가 자연스럽게 여쭤어보며 도와드려야 할 때도 있다.

왜 그러셨어요?

중2 담임을 하던 때다. 어느 날 복도에서 마주친 우리 반 반장이 눈을 동그랗게 뜨고는 "왜 그러셨어요? 우리 엉덩이는 안 때리시잖아요?"라고 묻는다. 순간 '앗!' 했다. 조금 전에 귀엽게 인사하고 지나가는 특수반 아이 엉덩이를 톡톡 두드려 준 것이 생각났다. "저는 다 컸다고 제 엉덩이 톡톡 때리지 않으면서 왜 친구 엉덩이는 귀엽다고 아이한테처럼 하시나요? 저희한테 특수반 친구들에게 똑같이 대해 주어야 한다고 하셨잖아요" 하는 말이었다. 아무 생각 없이 한 내 잘못을 콕 집어 이야기해 준 우리 반 반장이었다. 나는 곧바로 "그러게. 내가 잘못했네. 다음부터는 주의할게"라고 답해 주었다.

8장
신경다양성아동(Neurodiverse Children)

장애에 대한 이름은 의학이 발달하고 가치관이 변화하는 과정에 따라 시대상을 반영하며 달라져 왔다. 오래전에는 부족하고 어떤 부분이 소실되었다는 의미를 가진 적도 있었고, 할 수 있는 정도가 사람마다 다르다는 능력에 초점을 두기도 했다. 발달은 하고 있지만 속도가 다르다는 의미를 사용하기도 하고, 자폐에 해당하는 이름도 제목에서 제시한 자폐 범주성 장애Autism Spectrum Disorder로 다양한 모습으로 나타나는 자폐의 유형을 스펙트럼이라는 단어로 표현한다.

최근 근무하는 학교 브로슈어에 새로운 이름이 새겨졌다. 'K-12 SCHOOL FOR NEURODIVERSE CHILDREN', 즉 '신경다양성을 지닌 유치원부터 12학년까지의 학생을 위한 학교'라는 뜻이다. 뇌신경의 차이로 인해 발생하는 다름을 말한다. 이는 자폐 범주성 장애, 주의력결핍/과잉행동장애, 학습장애, 사회성장애, 성격장애를 포함하는 생물학적 다양성을 인정하는 새로운 관점이라 할 수 있다. 학교가 시대에 따른 관점의 변화를 인정한다는 점으로 이해된다.

뇌과학이 발달함에 따라, 그리고 사회가 받아들이는 다양성의 범주가 넓어짐에 따라 장애를 바라보는 관점도 변하고 있다. 학교 현장에서도 어떤 장애진단명을 가지고 이야기하기보다는 감각적으로 예민한 아이, 치즈를 좋아하는 아이, 시끄러운 곳을 싫어하는 아이, 같은 루틴을 반복할 때 편안함을 느끼는 아이, 눈이 잘 보이지 않는 아이, 알레르기와 아토피가 심한 아이, 바나나를 좋아하는 아이 등 아이의 특성을 '다양성'의 한 부분으로 인정하고 서로 다름을 인정하는 것에 대한 가치를 중요하게 다룬다. 수용 가능한 다름의 스펙트럼이 넓은 사람으로 키우는 것, 나와 다른 사람을 존중하고 이해하는 사람으로 자라게 하는 것이 학교 교육의 중요한 목표가 되고 있다.

9장
보조교사(EA, not SEA)

2012년, 자격증을 받기 위해 입학한 대학의 학과 이름은 'Special Education Teacher Assistant Department(특수교육 보조교사과)'였다. 2013년, 지금 근무하는 학교에 SEA^{Special Education Assistant}로 취직했다. 매년 8월 말, 개학을 앞두고 전체 교사 교육이 있다. 그리고 올해 이런 말을 듣는다. "더 이상 특수교육 보조교사 SEA라 부르지 말고 보조교사 EA^{Education Assistant}라고 부르도록 해요."

10여 년의 시간이 지나고 일반 공교육 시스템에 보조교사들이 많이 근무하게 되면서 더 이상 우리가 '장애를 지닌 아이만을 위한' 교사가 아니라, 교실에서 어려움을 보이는 '모든 아이들'을 도와주는 사람의 의미로 일하고 있기 때문이다. 또한 다양성의 의미가 강조되면서 특정 장애 유형, 장애진단명이 중요시되지 않고 다양한 특징을 가진 사람들 중 한 아이를 도와주는 사람의 의미로 사용되고 있기 때문이다. 교실에서 어려움을 지닌 학생이 있다면 그 부분이 학습이든, 사회성의 영역이든, 감정과 관련된 부분이든, 어려움이 있는 모든 상황에 전천후로 도움을 줄 수 있는 사람이라는 의미로 변화하는 과정이라고 파악된다. '모든 아이들에게 좋은 교사가 우리 아이들에게도 좋은 교사다'라는 생각을 다시 하게 되는 요즘이다.

10장
장애아동과 함께하는 예배

지난여름 방학, 교실 학부모님 소개로 캐나다 현지 교회의 요청에 따라 '장애아동과 함께하는 예배'를 지원하는 기회가 있었다. 그날 회의를 위해 만들어진 프로그램을 소개한다.

장애아동과 함께하는 예배는 크게 다음 두 가지 경우를 떠올리게 된다.

통합예배를 지향하는 경우

가능하면 처음부터 통합예배를 지향하는 것이 바람직하다. 분리된 부서를 만들어 운영할 경우 후에 이미 만들어진 시스템에 변화를 주는 것은 어렵다. 하지만 준비되지 않은 통합예배는 여러 가지 어려움이 발생하면서 분리된 예배로 돌아가는 경우가 많기에 현재 우리 교회에 가장 적합한 통합예배의 형태가 무엇인지 고민하고 준비된 교사들과 함께 시작할 것을 제안한다.

분리된 예배를 지향하는 경우

이미 오래 전부터 분리된 예배를 드리고 있거나, 통합예배에서 부족한 부분(예를 들면, 아이가 편하게 움직일 수 있고 어떤 행동도 도전행동으로 보이지 않는 공간의 필요성, 아이가 이해할 수 있는 설교 말씀의 필요성 등)이 드러나 분리된 예배를 시작하려는 경우에 해당한다. 이 경우 부서의 중요한 목표로 장차 아이들을 통합예배로 보내는 것을 고려하도록 한다. 아이들이 예배드리는 것에 잘 적응하여 큰 어려움 없이 예배를 드리게 될 때 점차적으로 통합을 담당해 줄 일반부서 선생님과 협력하여 일반부서에서 예배를 드릴 수 있도록 해야 한다.

영국과 미국은 장애인 비율을 전체 인구의 20%(보통 선진국일수록 장애인 비율을 높게 본다), 전 세계적으로는 15% 정도로 본다. 이 기준으로 불편한 질문들을 꺼내 볼 수 있다. 오늘 다녀온 예배를 기억해 보자. 내 주변에 얼마나 많은 장애를 지닌 성도가 있었을까? 100명이 모였다면 15명의 장애를 지닌 친구들은 어디에서 예배를 드리고 있는 것일까? 아니라고 말한 적은 없지만 내가 집중하기 편한 조용하고 경건한 예배를 위해 나도 모르게 그 조용함을 지켜낼 수 있는 사람들만 모인 곳을 찾고 있지는 않았나? 우리 교회는 장애가 있는 성도들이 편하게 예배드리러 올 수 있는 열린 곳인가? 우리 교회 화장실은 정말로 휠체어가 접근할 수 있는가? 20명이 모인 곳에 2명

이상의 장애인이 함께하지 않는다면 나는 어딘가 자연스럽지 않은 그룹에 속해 있는 것이다. 하나님은 모든 아이들을 다른 모습으로 창조하셨고 그 모든 아이들을 사랑하신다. 하나님의 사랑을 받는 자녀들이 함께 예배드리는 것이 중요하기에 이 글에서는 통합예배를 지향하는 경우 어떻게 일반부서에서 장애 학생과 함께 예배를 드릴 수 있는지를 다룬다.

통합예배를 고려할 때 먼저 기억해야 할 부분은 많은 일반 아이들이 우리가 생각하는 것보다 장애를 지닌 친구들과 함께하는 것에 대하여 준비되어 있다는 점이다. 통합교육을 통해 학교와 교실에서 만나는 장애를 지닌 친구들에게 익숙하고 마음이 열려 있는 멋진 친구들이 있다. 이 친구들이 가장 멋진 동역자가 될 것이다.

그리고 기억해야 하는 것은, 하나님의 도우심이다. 우리 아이들도 하나님의 사랑을 느끼고 배우고 경험하고 기도하며 살아갈 수 있다. 이 모든 것은 하나님의 도우심 속에서 가능한 일이다. 성령님이 우리 아이들을 만나 주시고 우리가 알지 못하는 방법들로 아이들이 하나님을 믿고 의지하며 살아갈 수 있게 하신다. 우리가 할 일은 성령님의 도우심을 구하는 기도다. 그렇기에 가장 중요한 것은 모든 교회 성도들이 같은 마음으로 기도하고 함께 드리는 예배에 열린 마음을 갖는 것이다.

1) 전체 교사 교육

가장 먼저 할 일은 전체 교사 교육이다. 교사 교육에서 나누어야 할 사항은 다음과 같다.

① 통합예배가 장애아동에게 얼마나 중요한 의미가 있는지 나눈다

내가 하는 일이 가치 있는 일임을 아는 것은 결속력과 힘이 된다. 장애아동은 일반 아동에 비하여 소속되는 공동체 수가 적다. 내가 새로운 공동체에 소속되어 있고 그곳에 소속감을 갖고 지낸다는 것은 삶의 질을 생각할 때 큰 자원이 된다. "단지 예배를 함께 드리는 것이 얼마나 큰 도움이 될까?"라고 묻는다면 인생에 가장 큰 도움이 되는 멋진 일이라고 답한다. 너무나 가치 있는 멋진 일이다. 이 멋진 일에 동참한다는 자긍심을 갖도록 한다.

② 아이의 특성과 장애에 대한 정보를 나눈다

앞으로 만나게 될 아이들의 간단하고 전반적인 장애진단명에 따른 특징을 나눈다. 그리고 아이가 좋아하는 것, 좋아하시 않는 것, 잘하는 것을 나누고 다 같이 알아두면 좋을 주의 사항이 있다면 나눈다. 아이의 개별적인 특성은 전체 교사 교육 전 학부모 설문지와 면담을 통해 모을 수 있다.

정리하자면 다음과 같다.

- 아이의 장애에 대한 기본 지식을 나눈다.
- 아이의 개별 특성을 나눈다.
- 도전행동 발생 시 따라야 할 기본 매뉴얼을 나눈다(이 부분은 후에 자세히 다룸).
- 왜 통합예배가 중요한지, 통합예배를 드리는 것이 미래 아이들의 성인 사회에 어떻게 중요한지 나눈다.
- 교회가 아이의 새로운 사회 공동체 영역이 됨을 나눈다.
- 같이 기도할 내용을 나누고 기도로 시작을 준비한다.

2) 일대일 교사 교육

전체 교사 교육 후, 아이들을 일대일로 맞게 될 선생님은 개별적으로 맡을 아이에 대하여 배우는 시간을 갖는다. 전체 교사회의 시간에 다 배우지 못한 구체적인 아이에 대한 정보를 숙지하고 어떻게 예배 시간에 도움을 줄 수 있는지 배운다.

① 도전행동이 심한 아이

도전행동이 심한 아이는 일대일로 교사가 배치된다. 도전행동의 유형을 잘 정리하여 도전행동 발생 시 어떻게 대처할지에 대하여 나눈다. 아이의 신체가 담당교사보다 크다면 두 명의 교사가 아이를 맡아야 한다. 청소년은 학생과 같은 성별의 교사가 맡는다.

② **도전행동이 가끔 있는 아이**
도전행동이 가끔 있는 아이도 일대일로 교사를 배치한다.

③ **도전행동이 거의 없는 아이**
도전행동이 거의 없는 아이는 2-3명을 묶어 한 명의 교사가 도울 수 있도록 한다.

아이가 예배에 참여하는 정도가 어떻게 달라지는지 관찰하여 일대일 도움이 필요한 아이가 도움 없이 혼자 예배 참여가 가능할 때 다음 단계로 보낸다. 반대로, 일대일로 충분치 않은 경우에는 회의를 통해 교사 두 명의 도움을 받도록 한다. 아이가 독립적으로 혼자 예배드릴 수 있는 모습을 갖도록 하는 것을 통합예배의 가장 중요한 목표로 한다.

3) 무엇을 어떻게 가르칠 것인가

말씀을 통해 예수님이 누구신지를 가르치는 것은 우리 아이들에게도 똑같이 중요하지만 하나님의 도움 없이는 할 수 없는 일이다. 아이들에게 무엇을 어떻게 가르치고 싶은지 생각해야 한다. 기도로 성령님의 도우심을 구할 때 하나님이 직접 아이들을 만나 주시고 역사하신다. 선생님들과 의논하며 우리 교회 장애 학생들을 위한 핵심 교육 주제를 결정한다. 예배를 통해 내 아이에게 1년 동안 알려 주어야 할 핵심 가치가 무엇인지(3가지 정도)를 정한다. 교사는 아이 옆에서 이 핵심 가치를 늘 생각하며 반복해서 알려 주고 가르쳐 주도록 한다. 모든 소그룹 교재도 아이의 수준에 맞추어 아이가 이해할 수 있는 방법으로 예수님을 배워나갈 수 있도록 한다. 소그룹 시간에 일반 아이들과 같은 주제이지만 방법은 다르게 배울 수 있도록 아이들의 수준에 맞는 창의적인 방법들을 찾는다.

올해 집중할 3가지 주제를 뽑을 때 도움을 줄 수 있는 예는 다음과 같다.

예수님은 나를 사랑해요
아이의 수준에 맞게 예수님의 사랑을 느낄 때 표현할 수 있는 습관을 가지도록 연습한다. "예수님은 나를 사랑해요!"를 말로 손짓으로 몸으로 표현하는 방법을 찾고 자주 표현할 수 있도록 한다. 예수님의 사랑을 느끼는 순간이 언제인지 교사의 경험을 구체적으로 이야기해 주고 아이는 언제 엄마 아빠의 사랑을 느끼는지 물어본 다음 엄마 아빠의 사랑을 통해 예수님의 사랑을 경험할 수 있음을 나눈다. 내가 어떤 모습이어서가 아니라 나를 있는 그대로 사랑해 주시는 예수님을 가르쳐 줄 수 있도록 구체적인 방법들을 찾아본다.

나는 하나님의 딸, 아들이에요
하나님이 나를 만드셨고, 아버지이심을 가르친다. 세상을 만드시고 나를 만드신 창조주 하나님을 배운다. 하나님을 아버지라고 부를 수도 있음을 가르쳐 주고 아버지 되시는 하나님은 나를 어떻게 사랑하시는지 구체적으로 가르쳐 준다. 엄마 아빠가 얼마나 나를 사랑하는지 동영상을 통해 보고 엄마 아빠의 아들, 딸인 것처럼 내가 하나님의 아들, 딸임을 가르쳐 준다. 하나님을 "아빠! 아버지!"라고 부르는 연습을 한다.

하나님은 언제나 나를 도와주세요
어려움이 있을 때마다 "하나님, 도와주세요!"라고 말하기를 연습한다. 그리고 하나님이 나를 도와주셨던 교사의 구체적인 경험을 나누며 아이가 알게 한다. 아이가 어려움을 겪을 때 도움을 주며 이렇게 하나님은 도와주고 계심을 알도록 한다.

하나님은 언제나 나와 함께하셔요
큰 자석 두 개를 가까이 붙여 서로 붙는 것을 보게 한다. 눈에 보이지 않는 힘이 있음을 설명해 주고, 눈에 보이지 않지만 언제나 하나님은 나와 함께하심을 알게 한다.

기도할 수 있어요
짧은 기도문을 반복하여 가르친다(하나님 아버지, 감사합니다. 예수님 이름으로 기도합니다. 아멘). 식사시간마다 아이가 짧은 기도문을 읽을 수 있게 도와준다. 기도는 하나님과 하는 대화임을 알 수 있도록 전화기를 들어 엄마에게 이야기하듯 하나님과 이야기할 수 있도록 연습한다. 지금 원하는 것들을 물어보고 하나님께 같이 기도하는 시간을 갖는다.

찬양할 수 있어요
아이가 따라 부를 수 있는 찬양을 반복하여 같이 부르며 늘 찬양할 수 있도록 돕는다.

말씀은 힘이에요
여러 성경 말씀 중에 짧고 핵심이 되는 말씀 5개를 골라 1년간 반복하여 외운다(항상 기뻐하라, 나의 방패 되시는 주님, 두려워 말라, 예수님은 나의 주).

죄를 용서함 받고 영생을 얻어요
교사의 역할극을 통해 죄의 의미를 가르쳐 주고 나의 죄를 고백하는 시간을 갖는다. 죄를 용서해 주시는 분은 오직 하나님이시고 우리를 죄에서 구하기 위해 십자가에서 돌아가신 예수님을 우리가 믿을 때 영생을 얻음을 가르쳐 준다. 복음을 아이들에게 가르쳐 줄 구체적인 방법들을 찾아본다(오색 색종이, 오색 팔찌 등 - 노랑, 검정, 빨강, 하양, 초록색을 이용하여 아이들에게 복음을 설명할 수 있다).

우리 아이들은 보고, 만지고, 듣고, 만드는 구체적인 경험을 통해 배우기를 좋아한다. 그래서 아이를 맡은 교사는 내가 경험한 참 좋으신 하나님을 어떻게 구체적으로 아이에게 전달할 수 있는지를 고민하고 창조적으로 찾아내야 한다. 이 고민의 과정을 통해 교사는 더 깊어진 믿음으로 이전에 만나지 못한 더 크신 하나님을 만나게 될 것이다. 교사 역할극, 놀이를 통한 학습, 인형극, 동영상 보기, 아이의 역할극, 부모의 역할극, 요리하는 실습, 그림 그리기와 만들기, 현장 학습 등 어떻게 참 좋으신 하나님을 아이가 만날 수 있는지 기도하며 방법을 찾아본다.

4) 의사소통

교회학교 운영에서 가장 중요한 부분은 학부모와의 의사소통이다. 1주일에 한 번 드리는 예배를 통한 변화는 미비하지만 집과 교회가 연계하여 같은 목적을 가지고 나아갈 때 더 세밀하게 역사하시는 하나님을 만나 볼 수 있다. 그리고 예배를 통해 변해 가는 우리 아이들에 대하여 감사를 나눌 자리가 필요하다. 1주일 동안 가정에서 하면 좋을 미션(말씀 암송-짧은 노래로 만들어서 부르며 외울 수 있다, 식사기도, 엄마의 축복기도 등)을 나누며 아이가 가정에서도 예수님을 알아가는 시간을 동일하게 갖도록 한다.

5) 도전행동에 대한 매뉴얼

일반적으로 많은 성도들과 부모님들이 통합예배에 대하여 가장 걱정하는 부분이 아이들의 도전행동이다. 이 부분에 대해서는 아이들의 상황에 맞게 매뉴얼을 정하고 이를 반드시 장애아동의 부모와 나눈다. 미리 매뉴얼을 정해 두면 좋을 만한 예는 다음과 같다.

바지를 내린다

아이가 갑자기 바지를 내렸을 경우 두 명의 교사는 큰 담요를 가지고 와서 즉시 아이의 하체를 덮고 아이를 데리고 밖으로 나가 도전행동이 다른 아이들에게 노출되지 않게 한다. 아이의 몸에 담요를 덮고 아이의 몸을 밖으로 옮기는 과정은 신속해야 하며, 이 과정에서 교사는 표정을 중립적으로 유지하고 아무 말을 하지 않는다(그만! 하지 마! 등의 말도 하지 않는다). 아이가 편안해지고 대화가 가능해지는 상황이 오면 그때 교육한다. 부모님께 반드시 연락한다.

소리를 지른다 / 뛰어다닌다 / 반복해서 중얼거린다

① **행동에 지속성이 없다**

가끔 하는 행동이지만 주위에서 주의를 기울이지 않으면 사라지고 예배에 참여하기가 가능한 경우다. 이런 경우 목사님과 아이들에게 "○○가 소리를 지를 수 있어요. 우리가 목사님께만 집중하고 아무도 쳐다보지 않으면 ○○는 바로 다시 예배에 잘 참여할 수 있어요! 우리가 같이 도와요" 하고 도움을 구한다.

② 행동이 지속적이다
행동이 지속적이고 자주 나타난다면, 규칙적으로 정해진 시간에 몸의 긴장도를 낮추게 하는 바디 브레이크Body break를 하는 것이 도움이 된다. 예배실 밖 복도 걷기, 계단 오르내리기, 요가볼 위에 앉아 몸을 바운스하기 등 아이의 긴장감과 불안감을 미리 풀어 줘서 도전행동 발생을 줄일 수 있다. 이 경우 일대일 교사는 '걷기 – 예배 참여 – 걷기 – 예배 참여'를 반복한다. 아이의 상황에 따라 걷기가 10분, 예배 참여가 1분이 될 수도 있지만 루틴 안에서 아이가 움직이는 게 가능하게 될 때 천천히 예배 참여 시간을 늘려간다. 아이가 지속적으로 소리를 지른다면 즉시 바깥으로 데리고 나와 쉬는 시간을 갖는다. 아이를 데리고 나올 때 교사는 긴 설명과 부정적인 단어(안 돼!)가 포함된 말을 하지 않는다. 중립적이고 무덤덤한 표정으로 일단 조용한 공간으로 데리고 나와 쉬는 시간을 먼저 갖게 한다.

구석진 곳을 찾아 숨는다
아이가 책상 아래 공간, 소파 뒤 등 좁고 어둡고 조용한 공간을 찾아 들어간다면 이것은 아이의 자기조절 기술로 파악하고 할 수 있도록 허락한다. 예전에 우리 부서에서 한 아이는 책상 밑

작은 카펫 위에 앉아 몸을 웅크린 자세로 예배에 참여한 적이 있다. 아이 옆에 교사가 앉아 계속 말을 걸어 주고 웃어 주고 함께해 주어 외롭지 않게 예배를 드릴 수 있었다.

대소변을 실수한다
낯선 환경에서 아이들은 실수할 수 있다. 이런 경우 소리 내지 않고 신속히 아이를 화장실로 데려가 미리 갖고 있는 여유분 옷으로 갈아입힌다.

6) 아이들이 할 수 있는 것을 찾아 예배에 참여시킨다
읽기가 가능한 아이, 율동이 가능한 아이, 찬양이 가능한 아이, 기도가 가능한 아이를 고려하여 예배 순서에 참여시킨다. 시간대별 우리 아이들이 할 수 있는 일은 다음과 같다.

환영
예배 시간 전 문 앞에서 친구들을 환영하는 자리에 함께할 수 있다.

기도
시작기도나 대표기도 시간에 읽기가 가능한 친구는 기도문을 읽을 수 있고, 많은 사람 앞에서 말하기가 힘든 친구는 미리 동영상을 찍어 사용할 수 있다.

찬양
찬양과 율동 시간에 참여할 수 있다.

말씀 읽기와 듣기
오늘의 성경 말씀을 대표로 읽을 수 있고 말씀을 들어야 하는 시간에는 일대일로 선생님 옆에 앉거나, 일대일 선생님과 '쉬는 시간-예배 참여'를 반복하며 말씀 듣기에 참여한다.

소그룹 활동
우리 아이들끼리 모일 수 있는 공간이 있다면 따로 모여서 소그룹을 할 수도 있고, 일반 학생과 같은 소그룹에서 일대일 교사와 참여할 수 있다.

7) 예배를 도울 수 있는 도구

예배의 흐름을 알 수 있게 하는 스케줄
예배 순서를 아이가 예상할 수 있도록 만들어 순서가 끝날 때마다 표시를 해주고 다음 순서가 무엇인지 보여 준다. 나는 예배실에 있는 큰 화이트보드의 왼쪽 위 상단에 예배 순서를 간단히 적어 놓고 순서가 끝나면 표시를 하며 그다음 순서가 무엇인지 알 수 있도록 했다. 글씨를 읽지 못한다면 간단한 그림이나 사진을 사용할 수도 있다.

상황 이야기
예배 전체 흐름을 이해할 수 있는 사진과 간단한 설명이 들어 있는 이야기 책을 만들어 반복해서 읽어 준다.

봉사 증명서 및 추천서
고등학생 자원봉사자 또는 성인 자원봉사자를 위하여 봉사 증명서나 추천서를 고려한다.

특별한 의자, 헤드폰, 작은 카펫
몸을 계속 움직이며 안정감을 얻는 아이가 있는 경우 흔들리는 의자, 푹신한 빈백Bean Bag 의자 등 특별한 의자가 도움이 될 수 있다. 스피커에서 나오는 소리에 예민한 친구들을 위해 헤드폰을 사용할 수 있고, 아이의 자리를 표현해 주는 작은 카펫도 도움이 된다. 자리에서 꼼지락거리며 소리 내지 않고 놀 수 있는 촉감놀이와 관련된 장난감들도 사용할 수 있다. 꼭 누르면 들어갔다가 다시 나오는 스퀴시Squish 같은 작은 인형을 손에 주는 것도 도움이 된다.

의료적인 도움
아이들 중에는 의료적인 도움이 필요한 경우가 있다. 부모님과 면담하기 전 질문지를 통해 뇌전증, 알레르기, 당뇨 등 의료적 도움이 필요한 경우가 있는지 반드시 알아둔다. 만약 뇌전증이 염려되는 상황이라면 교역자 포함 2인 정도의 교사가 간호사를 통한 훈련을 받도록 한다.

질문지

교사 교육 전 개인 학부모 면담을 먼저 한다. 이때 사용할 질문지를 미리 준비한다. 질문지는 아이가 잘하는 것, 좋아하는 장난감, 싫어하는 것, 읽기 쓰기가 어느 정도 가능한지, 이 예배에 대한 부모의 기대사항, 도전행동으로 생각되는 것은 어떤 것들이 있는지, 도전행동이 나타날 때 어떻게 대처하면 좋은지, 화장실은 어떻게 이용하는지, 생년월일, 학교와 학년, 주소와 가족 이름, 학부모의 전화번호, 아이의 건강상태, 알레르기 유무, 먹고 마시기를 혼자 할 수 있는지, 좋아하는 찬양이나 말씀이 있는지 등 기본 학생 정보를 포함한다. 질문지를 잘 만들면 학부모와 보다 깊이 있는 대화를 나눌 수 있다.

시뮬레이션

첫 통합예배를 드리기 전 토요일, 내일 예배를 드릴 장소에 부모와 함께 와서 모의 예배 연습을 하며 공간과 친해지는 시간을 갖는다.

에필로그

오늘은 학교를 쉬기로 했습니다.

올해 맡은 아이가 새로 이사한 집, 새 방에서 두 달이 넘도록 잠을 못 자고 있습니다. 상황의 변화로 불안감이 매우 높습니다. 온몸으로 그 힘듦을 표현하는 아이와 지난 이 주간 씨름 중입니다. 담당 교사가 달라지는 것으로도 큰 어려움을 겪는 아이여서 어느 정도 아플 때는 타이레놀을 먹으며 출근하지만 오늘은 침대에서 손가락 하나 올리지 못하고 있습니다. 잠시 고민하다 오늘은 학교를 쉬기로 합니다. 그렇게 누워 그동안 받은 하나님의 은혜를 세어 봅니다.

특수교육을 하며 가장 감사한 것은 하나님을 항상 가깝게 느낄 수 있다는 점입니다. 왜냐하면 하나님 아버지 도움 없이는 할 수 없는 일이기 때문입니다. 하루에도 여러 번 발버둥 치고, 스스로를 때리고 소리 지르는 아이 앞에서 무엇을 해야 할지 결정하기가 어렵습니다. 이 순간 무엇을 하여야만 하는데 나의 행동이 더 큰 도전행동으로 이어질 수도 있고 반대로 아이를 편하게 할 수도 있기에 그저 하나님만 부릅니다. 일반화된 방법들과 책에서 배운 지식들이 머릿속에서 마구 엉켜 아무 생각을 할 수 없을 때 마음속으로 할 수 있는 가장 큰 소리로 "주여! 주여!"를 부릅니다. 너무 짧은 순간이기에 자세하고 길게 기도하지도 못합니다. 그저 간절히 아버지의 도우심을 구합니다. 그렇게 하루하루를 보내기에 나는 세상에서 가장 하나님을 많이 부르고 가깝게 느끼며 하루를 지내는 복 받은 사람입니다.

그렇게 12년이라는 시간이 지났습니다. 집에서 학교까지는 62킬로미터, 고속도로를 타고 왕복 124킬로미터입니다. 긴 거리 운전하는 차에서 홀로 부흥회를 합니다. 찬양과 말씀을 듣고 기도하며 학교에 도착합니다. 그리고 운동장 땅을 밟기 전 다시 기도합니다. "하나님, 오늘 하루 견뎌낼 힘을 주시고 아무도 다치지 않는 무사한 하루가 되게 하여 주세요." 잠시 한눈판 사이 아이들이 크게 다치기도 하고 잠시 딴생각하는 사이 아이의 도전행동이 크게 일어나기도 합니다. 긴장의 끈을 놓을 수가 없습니다. 그렇게 간절히 하나님의 도우심을 찾고 하나님을 의지하며 삽니다. 그렇게 하나님의 은혜를 매 순간 만나며 하나님 없이 살 수 없는 하루하루를 삽니다. 아이들이 주는 기쁨으로 항상 기뻐할 수 있고, 아이들을 잘 보살피기 위해 항상 기도하게 되고, 하루가 무사히 지나감에 항상 감사하게 하시는 하나님께 감사합니다. 하나님 없이 살 수 없는 사람으로 창조되었기에 그 목적하신 대로 나는 하나님 없이는 못 삽니다. 매 순간 하나님을 끊임없이 찾을 수밖에 없는 그곳에 나를 세워 주심을 감사드립니다.

우리 예쁜 아이들과 함께하는 어머니들께 이 책을 드립니다.

참고문헌

- 박은혜, 김정연, 김경양, 「보완대체의사소통」, (학지사, 2024)
- 이소현, 박은혜, 김영태, 「단일대상연구」, (학지사, 2000)
- 이소현, 박은혜, 「특수아동교육(4판)」, (학지사, 2024)
- 도널드 베일리, 「장애 영유아를 위한 교육」, 이소현 옮김 (이화여자대학교출판부, 1995)
- John J. McGee 외 공저, 「온화한 교수-장애인의 문제행동에 대한 대안적 접근」, 박승희 옮김 (교육과학사, 2003)
- Richard. L. Simpson, 「자폐 범주성 장애」, 이소현 옮김 (시그마프레스, 2005)

자폐 범주성 장애아동은 이렇게 배웁니다
ⓒ 이나영

1판 1쇄 인쇄 2025년 9월 25일
1판 1쇄 발행 2025년 9월 30일

지은이	이나영
발행인	조애신
편집	이소연
디자인	임은미
마케팅	전필영
경영지원	전두표

발행처	도서출판 토기장이
주소	서울시 마포구 동교로 71-1 2F
출판등록	1998년 5월 29일 제1998-000070호
전화	02-3143-0400
팩스	0505-300-0646
이메일	tletter77@naver.com
인스타그램	togijangi_books_

ISBN 978-89-7782-557-4

- 이 책은 저작권 법에 따라 보호를 받는 저작물이므로 무단 전재와 무단 복제를 금합니다.
- 이 책의 전부 또는 일부를 이용하려면 반드시 저자와 도서출판 토기장이의 동의를 받아야 합니다.

도서출판 토기장이는 생명 있는 책만 만듭니다.
"우리는 진흙이요 주는 토기장이시니 우리는 다 주의 손으로 지으신 것이니이다" (이사야 64:8)